KB074260

수상한 질문, 위험한 생각들

강양구
지음

수상한 질문, 위험한 생각들
: 세상의 통념을 저격하다

북트리거

들어가며

* * *

대학에 들어오기 전까지 살던 곳은 한반도 남서쪽 끄트머리의 작은 도시였습니다. 한때는 전국 10대 도시 가운데 하나였지만, 이미 그때는 쇠락할 대로 쇠락한 중소 도시였죠. 서울에서 백화점이 무너지던 1990년대 중반까지도 그곳에는 백화점은커녕 변변찮은 패스트푸드 체인 매장도 찾아보기 어려웠습니다.

당연히 시간을 보내며 즐길 거리도 부족했어요. 종일 방송이 나오는 인터넷 TV도 수많은 동영상이 갈무리되어 있는 '유튜브' 같은 것도 없었던 때입니다. 그나마 어른 눈치 안 보고 할 수 있는 일이 책을 읽는 일이었어요. 물론 마음만 먹으면 걸어갈 수 있는 가까운 도서관이 있을 리 없었죠. 교실마다 한 곳에 마련된 허름한 학급문고가 책의 유일한 공급처였습니다.

처음 초등학교에 입학해서 한글을 깨치자마자 이것저것 손에 잡히는 대로 읽기 시작했어요. 몇 권 안 되는 책이었지만, 깜짝 놀랄 만한 경험이었습니다. 예를 들어, 어떤 책은 전쟁이 일어나자 시골로 피신을 하러 간 아이 넷이 옷장 속의 신비한 세계에서 탐험하는 이야기였어요. 듣도 보도 못한 그 이야기에 몰입했던 기억이 지금도 생생합니다.

짐작하다시피, 나중에야 그 이야기가 C. S. 루이스가 쓴 고전 판타지 소설 '나니아 연대기' 첫 번째 작품(『사자와 마녀와 옷장』)이라는 사실을 알게 됐죠. 훗날 대학에 와서 영어 공부를 겸해서 『사자와 마녀와 옷장』을 다시 원서로 읽었을 때는 잠시 추억에 젖기도 했어요. 나에게 책 읽는 재미를 처음으로 안겨 준 『사자와 마녀와 옷장』은 지금도 가끔 꺼내서 읽곤 합니다.

고등학교 때는 어쩌다 보니 3년간 기숙사에서 생활하게 되었습니다. 당시는 인터넷도 보급이 안 된 때였고, 휴대전화도 없던 때였습니다. 텔레비전 시청도 급식 식당에서 잠깐뿐이었습니다. 세상과 완전히 단절된 채 오로지 공부에만 몰두하는 상황이었습니다. 그나마 세상과의 유일한 연결 고리는 두 가지였어요.

하나는 일주일이나 한 달에 한 번씩 배달되는 잡지들, 다른 하나는 교실 두 개를 트고 만들어 놓은 도서관에 빼곡하게 꽂힌 책들이었죠. 틈틈이 그런 잡지와 도서관의 책들을 보면서 학교가 아닌 넓은 세상을 경험할 수 있었어요. 비록 몸은 학교와 기숙사에 갇혀 있었지만, 책을 읽을 때는 가지 못할 장소, 시대가 없었습니다.

* * *

돌이켜 보면, 만약 그때 그렇게 세상과 소통할 기회가 없었다면 이렇게 글을 쓰고 책을 펴내는 지금의 저는 없었을 거예요. 그래서 지금도 강연에 가서 십 대를 만날 때마다 이렇게 목소리를 높이곤 합니다. "책을 읽는 일이야말로 다른 어떤 수단보다도 넓고 깊은 경험을 하는 가장 쉬운 방법입니다!"

이런 사연 때문인지 기자 일을 하는 틈틈이 책을 쓰고 또 좋은 책을 세상에 알리는 일에 몰두해 왔어요. 그러다 보니, 답답할 때가 한두 번이 아니었습니다. 세상은 계속 변하고 또 그런 변화에 맞춤한 지식의 모습도 빠른 속도로 바뀌고 있는데 여전히 고리타분하고 시대에 뒤떨어진 교양이 여기저기 넘쳐 났기 때문이죠.

30년 전 십 대였을 때 읽었던 책이 여전히 여러 대학에서 권하는 필독서로 추천되는 모습은 대표적인 예입니다. 안타까운 일입니다. 어떤 책은 치명적인 오류 때문에 사실상 용도 폐기되었습니다. 또 다른 책은 이후에 수십 년간 진행된 논쟁의 결과 그 위상이나 의미가 바뀌었고요. 그런 맥락을 무시한 채 여전히 똑같은 책이 '고전'이라는 이름으로 추천되고 있습니다.

그 과정에서 새로운 시대 변화에 맞춰서 꼭 필요한 교양이 소홀히 취급되는 경향도 있습니다. 예를 들어, 과학기술과 사회가 서로 어떤 영향을 주면서 새로운 세상을 만들어 가는지에 대한 고민은 대표적입니다. 과학기술과 떼려야 뗄 수 없는 삶을 살아가면서도 정작 과학기술과 삶이 어떻게 엉겨 있는지는 제대로 포착하지 못하는 상황입니다.

* * *

『수상한 질문, 위험한 생각들』은 바로 이런 고민에서 나온 책입니다. 우리가 은연중에 '원래 그래!' 하면서 당연시해 온 통념에 의문을 제기해 보고, 더 나아가서 그런 질문에 먼저 답한 위험한 생각을 소개하고 싶었습니다. 그 과정에서 자연스럽게 세상을 바라보는 도전적이고 대담한 시각도 제시하고요.

'선거는 정말로 민주주의의 꽃일까?', '일부일처제에 기반을 둔 결혼 제도는 앞으로도 계속될까?', '도시는 환경 파괴적이고 시골은 환경친화적일까?' 같은 정말로 '수상한 질문'도 있습니다. 인공지능, 빅데이터, 로봇, 생명공학, 블록체인 등의 과학기술이 일상생활로 깊숙이 들어왔을 때 삶의 변화에 어떻게 대응할지를 놓고서 해 본 '위험한 생각'도 담았습니다.

가능한 한 최신의 정확한 정보와 토론의 결과를 갈무리하면서, 우물쭈물 얼버무리지 않고 저의 생각을 밝히는 데 주저하지 않았습니다. 그러니 이 책에 제시된 견해는 '정답'이라기보다는 또 다른 토론입니다. 저자로서 가장 행복한 일은 이 책이 계기가 되어서 세상에 더 많은 '수상한 질문'과 '위험한 생각'이 넘쳐 나는 것입니다.

기숙사 시절 세상과 소통하는 중요한 수단 가운데 하나가 그때 막 창간했던 한 논술 잡지였습니다. 이 책에 실린 원고는 2017년부터 2018년까지 그 잡지에 매달 연재되었던 글을 대폭 수정한 것입니다. 그 잡지로 세상을 만났던 30년 전의 십 대가 지금의 십 대에게 손을 내민 글이었습니다. 이 책 역시 더 많은 독자와 다른 만남의 계기가 되길 바랍니다.

책 한 권이 나오기까지 저자 외에도 수많은 사람의 땀이 필요합니다. 이 책도 마찬가지입니다. 특히 원고의 첫 번째 독자였던 《고교독서평설》의 김나연 선생님, 체계 없는 원고를 놀라운 감각으로 엮어서 멋진 책으로 만들어 준 북트리거의 김지영 선생님이 없었더라면 이번 책은 등장하기 어려웠을 것입니다. 두 분께 깊은 감사의 인사를 전합니다.

＊ ＊ ＊

이 책에는 지난 20년간 '관계'를 맺어 온 여러 지인의 생각과 실천이 곳곳에 새겨져 있습니다. 이 책에서 읽을 만한 구석이 있다면 그것은 그들의 소중한 가르침 때문이라고 확신합니다. 일일이 열거하지 못할 그 관계의 소중함을 항상 깊이 염두에 두고 있습니다. 제가 마음속으로 다음 말을 새기는 것도 이 때문입니다.

> 우리는 자기 자신이 있고 그다음에 그로부터 비롯된 가깝고 먼 온갖 관계들이 있는 것이라고 생각하기 쉽다. 그러나 실은 그렇지 않다. 그것은 동시적인 것이다. 우리는 관계 속에서 태어나고, 관계 속으로 던져지며, 관계 위에 존립해 있다. 관계에 앞서 자아가 선재(先在)해 있는 것이 아니다. 나는 곧 관계다.
>
> — 이수태, 『어른 되기의 어려움』

저와 떼려야 뗄 수 없는 관계로 엮여 있는 아버지와 어머니 또 유은진과 강윤준에게 이 기회에 감사 인사와 함께 깊은 애정을 보냅니다. 마지막으로 이 책이 부디 십 대를 비롯한 여러 독자가 좀 더 나은 세상을 꿈꾸는 '희망'의 계기가 되기를, 그래서 '위험한 생각'을 현실로 만드는 기폭제가 되기를 바랍니다.

2019년 2월

강양구

✦ 차례 ✦

5장　　**인간 – 비틀어 보다**

일러두기

1. 학술지를 비롯한 정기간행물은 《》, 단행본은 『』, 영화 및 노래 제목은 〈〉로 표시했다.
2. 인명은 외래어 표기법에 따라 우리말로 표기하고, 최초 등장 시 그에 해당되는 원어를 병기했다.
3. 괄호 안에 표시된 원화는 독자들의 이해를 돕기 위한 대략적인 금액으로 KEB하나은 행에서 제공하는 2018년 1월 1일~2018년 12월 31일 사이의 평균환율(고시 회차 최종, 매매 기준 환율)에 따라 계산한 값이다.

1장　사회 - 뒤집어 보다

'위험한' 선거에 반대한다

선거는 '민주주의의 꽃'이라고?

2016 미국 대선, 막말의 승리

2016년 미국 대통령 선거에서 도널드 트럼프^{Donald Trump} 가 승리했습니다. 성공한 부동산 사업가이자 TV 예능 프로그램의 진행자로 유명해진 트럼프는 '정치인'에 대한 통념에서 보자면 정말로 별종입니다. 의원, 주지사, 장관 등 정치인으로서의 경력을 쌓은 적도 없고, 미국의 양대 정당인 민주당과 공화당에서 열심히 활동한 적도 없습니다. 심지어 공화당 대통령 후보로 나서기는 했지만, 2001년부터 2009년까지는 민주당 당원이었지요.

특히 트럼프가 인종차별, 여성 혐오 같은 정서에 호소하면서 지지를 얻은 사실이 중요합니다. 그가 지지층을 끌어모으는 데 구심점이 된 보호주의, 반이민 정책 등의 공약에도 혐오적인 색채가 짙습니다. 한때 미국의 주류였으나 지금은 경제적 약자로 전락한 교외와 농촌의 백인 중하층은 이 같은 혐오 코드에 강렬하게 반응했습니다. 그동안 쌓여 왔던 불만과 분노에 분출구를 제공해서였을까요? 이들은 갈등과 분열을 조장하는 대외 정책에 열광하며 트럼프에 표를 던졌습니다. 엉뚱하게도 자신과 비슷한 처지의 또 다른 사회적 약자에게 증오를 쏟아 냈고요.

바로 이 대목에서 우리는 심각한 질문을 한번 던져 볼 필요가 있습니다. 선거에서 많은 표를 얻은 사람을 대통령 같은 지도자로 추대하는 현대의 대의제 민주주의는 과연 제대로 작동하고 있을까요? 마침 트럼프가 임기를 시작한 2017년, 우리는 헌정사상 처음으로 국민 다수가 지지한 대통령이 시민과 국회로부터 탄핵당해 임기를 채우지 못하고 물러나게 되었습니다.

위험한 '선택'

민주주의의 근간을 이루는 선거는 대다수 시민이 '합리적 선택'을 한다는 가정에 기댑니다. 정당 활동, 언론 보도를 통해 정확한 정보만 주어진다면 대다수 시민이 (자기 입장에서) 좀 더 나은 후보를 선택하리라고 믿지요. 하지만 우리의 선택이 여러 요인에 영향을 받는, 못 믿을 것이라면 어떡할까요?

　미국의 심리학자 리처드 니스벳Richard Nisbett과 티머시 윌슨Timothy Wilson이 했던 실험부터 소개하겠습니다. 이들은 학생들에게 유럽 억양의 영어를 쓰는 대학 강사의 자기소개 영상을 보여 줬습니다. 학생 절반에게는 강사가 자신을 따뜻하고 상냥하며 열정적인 사람으로 소개한 영상을, 다른 절반에게는 학생을 신뢰하지 않는 차갑고 엄격한 독불장군 스타일로 소개한 영상을 보여 주었지요. 그 뒤 실험 대상 학생들은 강사에 대한 호감도, 외모, 버릇, 억양 등을 평가했습니다. 결과는 어땠을까요?

리처드 니스벳과 티머시 윌슨의 실험을 재현한 동영상

따뜻하고 상냥한 태도의 자기소개 영상

차갑고 엄격한 태도의 자기소개 영상

강사의 따뜻한 모습을 본 학생들은 차가운 모습을 본 학생들보다 당연히 호감도가 높았습니다. 흥미로운 점은 다른 평가 항목입니다. 강사의 따뜻한 면을 본 대다수는 강사의 외모와 버릇까지도 매력적이라고 입을 모았고, 억양은 중간 정도로 평가했지요. 반면에 강사의 차가운 면을 본 대다수는 강사의 외모, 버릇, 억양 모두 "불쾌하고 짜증 난다"고 평했습니다.

이 학생들은 강사의 자기소개가 자신이 한 평가에 영향을 미쳤다는 사실을 인정했을까요? 아닙니다. 그들은 강사에 대한 긍정적·부정적 느낌이 강사의 특성을 평가하는 데 영향을 미쳤다는 사실을 강하게 부정했습니다. 심지어 어떤 학생들은 정반대로 얘기했습니다. ("그의 불쾌하고 짜증 난 외모, 버릇, 억양이 호감도를 떨어뜨렸을 수는 있겠군요.")

이 심리 실험은 우리의 판단이 다른 요인에 의해 얼마나 영향을 받는지 보여 줍니다. 또 우리가 실제로 어떤 것에 영향을 받아 놓고도 영향을 받지 않았다고 확신하거나, 혹은 아예 그 선후 관계를 뒤집어서 생각하고 있다는 사실도 알려 주지요. 실제로 이 실험 말고도 우리가 인식하지 못하는 사이 인간의 선택이 얼마나 많은 것으로부터 영향을 받는지 입증한 수많은 심리 실험이 있습니다.

예를 들어, 딱딱한 의자에 앉은 면접관과 푹신한 의자에 앉은 면접관 가운데 누가 점수를 더 짜게 줄까요? 자신은 딱딱한 의자 때문에 점수를 짜게 주었다고 절대로 인정하지 않겠지만, 실제로 딱딱한 의자에 앉은 면접관은 점수가 인색합니다. 그런가 하면 따뜻한 음료를 마시는 면접관은 찬 음료를 마시는 면접관보다 좀 더 너그러운 점수를 주지요.

약해지는 정당 민주주의

앞에서 살펴봤듯이 개인의 선택은 다양한 외적·내적 요인에 의해 자신도 모르게 영향을 받습니다. 선거로 대표를 뽑는 대의제 민주주의에서 정당의 역할이 중요한 이유도 이 때문입니다. 변덕이 심하고 일관성이 없는 개인은 정당이라는 정치조직을 통해 자신의 이해를 더 잘 대변할 정치인을 선택하는 데 도움을 받습니다.

미국의 정치학자 엘머 에릭 샤츠슈나이더Elmer Eric Schattschneider는 현대 정당의 역할을 이해하는 고전 가운데 하나인『절반의 인민 주권』에서 이 점을 명쾌히 지적합니다. 그는 대의제 민주주의가 "평범한 사람의 요구에 민감하게 반응하도록 고안된 정치체제"라고 목소리를 높입니다.

> 역을 오가는 군중을 지켜본 사람이라면 누구나 정당 조직의 본질에 대해 무언가를 배울 수 있을 것이다. 이 군중은 전혀 조직되지 않은 것처럼 보인다. 그러나 관찰자가 지켜보게 되는 것은 혼란스러운 무질서가 아니다. 왜냐하면 시간표와 개찰구가 그 많은 사람을 통제하고 있기 때문이다.
>
> 이 체제에서 군중을 이루는 각각의 사람이 자기 자리를 찾아갈 수

있는(즉 이 체제가 이들을 조직할 수 있는) 이유는 이들에게 주어진 대안이 제한되어 있기 때문이다. 정당은 유권자들이 선택할 수 있는 대안을 극단적으로 단순화하는 방식을 통해 이들을 조직한다. 이것은 조직화에 있어 매우 중요한 방식이다.

— 샤츠슈나이더, 현재호·박수형 옮김, 『절반의 인민주권』(후마니타스, 2008), 110쪽

그런데 바로 이 정당의 힘이 갈수록 약해지고 있습니다. 애초 정당 중심의 정치가 제대로 자리 잡지 못한 우리나라뿐만 아니라 정당정치의 역사가 오래된 유럽, 미국조차도 정당이 제 역할을 하지 못한다는 지적이 있습니다. 오랫동안 정당 밖에서 기업인이자 유명인으로 살아온 트럼프가 대통령으로 당선된 일 자체가 정당이 약해진 현실을 보여 주지요.

'페이스북' 민주주의

정당이 이렇게 약해진 데는 여러 이유가 있습니다. 특히 주목할 점은 '페이스북' 같은 소셜 미디어(SNS)의 유행입니다. 오랫동안 정당은 자신과 비슷한 처지에 놓인, 생각이 비슷한 이웃을 정치적으로 묶어 주는 역할을 했습니다. 샤츠슈나이더의 지적처럼 사람들은 정당을 매개로 공적 문제를 놓고 입장을 정했습니다. 여러 사회문제 중 특정 이슈를 중요한 문제로 부각시키고, 사회적 합의를 만들어 가는 데 구심점이 된 것이 바로 정당이었거든요.

그런데 요즘에는 이런 역할을 페이스북 같은 SNS가 대신하고 있습니다. 2018년 미국의 비영리 사회 연구 기관 퓨리서치센터에서 발표한 보고서에 따르면, 미국인의 약 3분의 2는 페이스북에서 친구가 추천한 뉴스를 보면서 세상을 해석합니다. 친구 네트워크로 묶인 이들이 끼리끼리 추천하는 뉴스를 보고 '좋아요'를 누르면서 세상이 어떻게 돌아가는지 파악하지요.

얼핏 보면 정당과 다를 게 없습니다. 하지만 결정적으로 다른 점이 있습니다. 정당의 가장 중요한 목적은 정부, 의회와 같은 권력을 접수하는 것입니다. 그러니 당연히 정당은 공적 문제에 책임 있는 입장을 정하는 데 골몰할 수밖에 없습니다. 2016년 미국 대통령 선거 도중에 트럼프의 여성 비하 발언이 폭로되자, 공화당 의원 여럿이 그에 대한 지지를 철회한 이유도 이 때문입니다.

반면에 페이스북 친구끼리는 그럴 필요가 없습니다. 그냥 자기가 어디선가 옮겨 온 뉴스 게시물에 붙은 '좋아요' 숫자가 늘어나는 것을 보면서 만족하면 그뿐입니다. 이 공간에서는 트럼프의 여성 비하 발언 뉴스를 보고서도, "그게 뭐가 문젠데." 하고 낄낄대도 뭐라고 할 사람이 아무도 없습니다. (뭐라고 하는 사람이 있으면 '친구 차단'을 누르면 그만입니다.)

더 무서운 점은 미국의 시민운동가 엘리 프레이저 Eli Pariser 가 주장한 '필터 버블(filter bubble)'이에요. 페이스북은 친구가 올린 게시물을 일목요연하게 다 보여 주는 시스템이 아니라 내가 '좋아요'를 누를 법한 것만 걸러서(filtering) 보여 줍니다. 즉 페이스북을 통해서만 뉴스를 접하는 사람은 애초 그가 불편할 법한 소식에서 아예 차단될 가능성이 큽니다. (이것이 '필터 버블'입니다.)

새롭고 오래된 제비뽑기 민주주의

개인의 선택도, 정당도, 그것을 대신하는 SNS도 문제투성이라면 도대체 어디부터 바꿔서 대의제 민주주의를 구해야 할까요? 다행히 이미 세계 곳곳에서 대의제 민주주의를 구하려는 다양한 아이디어가 논의 중입니다. 여기서는 아주 파격적인 아이디어를 한 가지 소개해 보겠습니다.

바로 '제비뽑기'입니다. 맞습니다. 우리가 아는 그 제비뽑기, 즉 '추첨'입니다. 먼저 역사 상식부터 점검하겠습니다. 여러분은 민주주의의 기원으로 알려진 고대 아테네 민주주의의 특징을 '직접민주주의'로 알고 있지요? 그런데 고대 아테네 민주주의는 직접민주주의가 아니었습니다.

기원전 4세기 당시 (여성, 노예, 외국인을 제외한) 아테네 시민은 3만 명 정도였어요. 그런데 아테네 민주주의의 꽃으로 불리는 민회의 의석은 6,000석뿐이었습니다. 그러니까 당시도 전체 시민의 5분의 1만 모여서 의사 결정을 진행한 거지요. 아테네 민주주의도 규모만 달랐을 뿐, 오늘날과 비슷한 대의제 민주주의였습니다.

오히려 아테네 민주주의의 결정적인 특징은 제비뽑기였어요. 민회는 자원자로 구성했지만, 민회에 법안을 제출하는 500인 평의회, 지금의 법원과 헌법재판소 기능을 결합한 시민 법정의 배심원 6,000명, 그리고 600여 명의 행정관은 다 제비뽑기로 추첨했습니다. 군사, 재무 담당 등 소수의 전문가 100명 정도만 민회의 선거로 뽑았고요. 그러니까 아테네 민주주의의 핵심은 직접민주주의가 아니라 '제비뽑기 민주주의'였습니다.

제비뽑기 민주주의 혹은 추첨 민주주의의 아이디어는 간단합니다. 선거 대신 제비뽑기로 국회의원 같은 대표를 뽑자는 것입니다. '그러다가 아무나 국회의원이나 대통령이 되면 나라 꼴이 어떻게 되겠어요?' 하는 반론이 들리는 듯합니다. 그런데 바로 그 '아무나' 정치를 할 수 있어야 하는 게 민주주의 아닌가요?

지금은 제도로 정착된 '국민참여재판'*을 도입할 때도 같은 이야기가 나왔습니다. 법을 모르는 일반 시민이 판결에 참여하는 게 문제가 있다는 반론이었지요. 하지만 2008년부터 도입해 이제 만 10년을 넘긴 국민참여재판 제도를 보면, 배심원 판결과 판사 판결이 93% 정도 일치합니다. 오히려 1심 파기율(1심의 판결이 항소심에서 뒤집힌 비율)은 배심원이 참여한 재판보다 판사만 결정한 일반 재판이 더 높습니다.

---

* 국민이 형사재판에 배심원 또는 예비 배심원으로 참여하는 제도. 배심원은 만 20세 이상의 국민 가운데 무작위로 선정되며, 유죄·무죄 평결을 내리지만 이에 대한 법적인 구속력은 없다.

더구나 선거로 뽑히는 각종 대표(국회의원, 지방의회 의원 등)가 과연 얼마나 훌륭한 식견과 전문적 능력을 갖추고 있는지도 의문입니다. 4년마다 의사, 판사, 검사, 변호사, 연예인 등 다양한 경력을 가진 이들이 선거로 국회의원 등이 되지만 그들도 (자기 분야를 벗어난) 경제, 복지, 남북문제 등 한국 사회의 복잡한 현안 앞에서는 그저 '인턴 국회의원'일 뿐입니다. 한국에서 제비뽑기 민주주의의 가능성을 적극적으로 제안하는 이지문 연세대 연구 교수(정치학)는 이렇게 주장합니다.

지금 우리나라 사십 대 이하 대부분이 고졸 이상의 학력을 갖고 있습니다. 세계적으로도 학력이 가장 높고, 문맹률은 제로에 가깝습니다. 또 산업화와 민주화를 겪으면서 많은 사람이 자기 분야에서 다양한 경험이 있습니다. 더구나 시민 의식도 이제는 높은 수준으로 올랐다고 봐야죠.

더 중요한 지점이 있습니다. 민주주의는 결과만 놓고 이야기하는 제도가 아닙니다. 그 결정 과정, 합의 과정이 중요합니다. 각자 의견을 개진하고, 토론 끝에 하나의 결정을 이뤄 나가는 과정에서 소수의 의견도 받아들이고, 최종적으로 합의된 결과에 승복해야죠. 이게 바로 민주주의 문화입니다.

이를 위해서는 시민이 다양한 공간에서 참여할 기회가 열려 있어야 합니다. 지금 우리에게 참여할 기회는 투표밖에 없습니다. 그러니 현안에 관심이 없어지죠. 민주주의에 관한 관심을 높이는 데 추첨제를 통한 참여만큼 좋은 방법이 없습니다. 루소가 말한 대로, 좋은 제도가 좋은 덕성을 만들 수 있습니다.

— 2016년 2월 16일 인터뷰

히틀러도 투표로 뽑혔다

그렇다면 제비뽑기 민주주의를 어떻게 운영해 볼까요? 가장 먼저 떠오르는 예는 선거제도 개편이나 선거구 획정 같은 문제를 해결하는 일입니다. 중이 제 머리를 못 깎듯이, 국회의원이 자신의 이해관계 때문에 선뜻 합의하지 못하는 문제가 있습니다. 이런 문제를 제비뽑기로 선택한 시민 대표에게 의뢰하는 거지요.

실제로 캐나다 브리티시컬럼비아주는 2004년 선거제도를 바꾸기 위해 제비뽑기 민주주의를 실험했습니다. 추첨으로 시민 158명을 뽑고, 임명직 의장 1명, 여기에 의장이 선택한 원주민 공동체 대표 2명까지 더해서 총 161명의 시민총회를 구성해 1년 가까이 운영했습니다. 제비뽑기 민주주의에 대한 걱정에도 불구하고 결과는 성공적이었어요. 161명 가운데 1명만 중도 사퇴했고, 평균 출석률은 95%였습니다. 비록 이들이 마련한 선거제도 개혁 방안은 주민투표에서 부결되었지만, 시민총회 구성원들은 끝까지 책임감 있는 자세로 논의에 임한 것이지요. 평범한 시민에게 정치 참여의 기회를 줬다는 점을 고려하면 매우 고무적인 결과입니다.

우리나라도 선거로 뽑은 국회의원 300명에 더해서, 제비뽑기로 뽑은 시민 의원 300명이 재직하는 제2의 국회를 만들어 보면 어떨까요? 평생 서울 여의도 국회의사당에 들어갈 일이 없는 학생, 교사, 농민, 노동자, 상인, 미화원 등이 4년간 그곳에 모여서 새로운 법안을 제안하고, 정부 법안을 심사한다면 세상이 어떻게 바뀔까요?

마지막으로 한마디만 더. 그러고 보니 20세기 최악의 독재자였던 나치스 독일의 히틀러Adolf Hitler를 대통령으로 만든 것도 독일 바이마르공화국의 국민투표였습니다. 미국의 도널드 트럼프도 선거로 대통령에 당선이 되었군요. 대한민국 최초로 탄핵당한 박근혜 전 대통령도 2012년 선거로 당선이 되었고요.

🔖 겹쳐 읽기

259쪽 〈'집단 지성'인가, '집단 바보'인가〉를 보면 인간의 의사 결정 과정은 통념처럼 합리적이지 않습니다. 충분한 정보만 제공된다면 개인이 최선의 선택을 할 수 있으리라는 가정 자체가 뿌리째 흔들리고 있습니다. 민주주의의 위기를 진단하고, 성숙한 민주주의로 나아가기 위해서 반드시 짚어 봐야 하는 문제입니다.

🔖 확장해서 읽기

◎ 정치의 핵심 기구인 정당의 역할에 대해 알고 싶다면

☞ 샤츠슈나이더, 현재호·박수형 옮김, 『절반의 인민주권』(후마니타스, 2008)

◎ 인간의 인지 과정에서 일어나는 허점을 파헤치고 싶다면

☞ 리처드 니스벳, 이창신 옮김, 『마인드웨어』(김영사, 2016)

◎ SNS 이용자가 어떻게 편향된 정보의 덫에 갇히게 되는지 알고 싶다면

☞ 엘리 프레이저, 이현숙·이정태 옮김, 『생각 조종자들』(알키, 2011)

◎ '제비뽑기'가 어떻게 대의제 민주주의에 활력을 불어넣을지 탐색하고 싶다면

☞ 다비트 판 레이브라우크, 양영란 옮김, 『국민을 위한 선거는 없다』(갈라파고스, 2016)

그들은 결혼해서 행복했을까

> ## 일부일처제는
> ## 합리적인 혼인 제도일까?

이 남자의 선택은?

여기 이십 대 후반의 한 남자가 있습니다. 키는 훤칠하게 크지만 빼어난 미남은 아닙니다. 집안에 여유가 있어서 어릴 때부터 먹고 사는 문제를 걱정할 필요는 없었습니다. 더구나 상당한 재산도 물려받았지요. 천재 소리를 들을 정도는 아니지만, 성실하고 똑똑했고요. 그래서 스물일곱 살에 이미 학계에서는 상당히 이름을 알린 과학자가 되었습니다.

이 남자는 지금 고민 중입니다. 스물아홉 살의 어느 여름날, 그는 백지 한가운데 줄을 하나 그어 두 칸으로 된 간단한 표를 만듭니다. 한쪽에는 "결혼 생활"을, 다른 쪽에는 "독신 생활"을 적습니다. 그리고 각각의 단에다가 메모해 나갑니다. "결혼 생활" 칸에는 "아이들. 노년에는 친구가 될 수도 있지만, 어릴 때는 사랑을 주고 놀아 줘야 할 대상. 아무튼 강아지보다는 나음."이라고 씁니다.

그의 메모는 계속됩니다. "가정, 가정을 돌볼 사람, 음악의 매력과 수다 떠는 여성. 이런 것들은 건강에 도움이 된다." 그러니까 지금 그는 결혼할 때의 장점을 열거하고 있습니다. 그는 마지막에 이렇게 덧붙여 씁니다. "하지만 무서운 시간 도둑."

"독신 생활" 칸의 메모는 훨씬 더 장황합니다. "내키는 대로 어디든 갈 수 있는 자유, 학자들과 함께하는 대화, 억지로 친척을 방문하지 않아도 되는 자유, 자질구레한 일에도 신경을 쓸 필요가 없음, 아이들에게 쏟아야 할 근심이나 돈도 필요 없음. (아이들을 키우다 보면) 시간을 빼앗기고, 오후에 독서를 할 수 없고, 걱정과 의무는 많고 책 살 돈은 적어짐."

그는 다시 "결혼 생활" 칸에 이렇게 적습니다. "일하고 또 일하다가 무(無)로 돌아가고 마는 일벌처럼 평생을 보낸다는 사실을 생각만 해도 참을 수가 없다. 결코 그럴 수는 없다. … 온종일 홀로 지낸다고 생각해 보자. 아니 따뜻한 난롯가 옆 소파에 앉아 음악을 들으며 책을 읽는 아내를 그려 보자."

이 남자는 결국 결혼을 했을까요? 네, 합니다! 그는 4개월이 지난 11월 11일, 한 살 많은 여성에게 청혼했어요. 그리고 두 사람은 두 달 뒤인 이듬해 1월 29일 결혼식을 올립니다. 그는 일흔세 살의 나이로 세상을 떠날 때까지 평생을 그녀와 결혼 생활을 유지합니다. 둘 사이에는 무려 열 명의 아이가 있었습니다.

혹시 이 남자가 누군지 눈치챘나요? 바로 『종의 기원』에서 진화론을 제안한 과학자 찰스 다윈Charles Darwin 입니다. 그리고 다윈과 결혼해 평생을 함께한 여성은 에마 다윈Emma Darwin 이고요. 이제 다시 다윈이 결혼을 앞두고 쓴 메모를 읽어 보세요. 어때요? 여러분이 다윈이라면 어떤 선택을 했을까요?

일부일처제의 기원은 영아 살해?

다윈 부부를 비롯한 인류의 상당수가 채택하고 있는 제도는 한 남자와 한 여자가 가정을 꾸리는 '일부일처제'입니다. 도대체 왜 일부일처제는 남녀 간의 관계에서 가장 표준적인 제도가 되었을까요? 이 질문은 지금까지 과학자를 비롯한 여러 학자의 관심을 사로잡았습니다.

여기서는 과학자 사이에 합의가 된 내용만 짚어 보겠습니다. 인류가 다른 동물과 달리 지금과 같은 문명을 꾸리게 된 데는 뇌의 크기가 중요한 역할을 했어요. 그런데 뇌와 그것을 담고 있는 머리의 크기가 커지면 커다란 문제가 발생합니다. 왜냐하면 아기의 머리가 크면 태어날 때 엄마의 생명을 위협할 수 있거든요.

이 문제를 해결하려면 머리가 작을 때 아기가 세상에 나와야 합니다. 영장류 가운데 인류만이 혼자서 아무것도 할 수 없는 미숙한 아기를 출산하는 까닭은 바로 이 때문입니다. 이제 또 다른 문제가 꼬리를 뭅니다. 태어난 아기가 사람 구실을 할 때까지 부모는 먹이고 재우고 입히는 노력을 해야만 합니다.

여기까지는 과학자 대다수가 동의하는 내용입니다. 그럼 이런 상황이 일부일처제의 기원과 어떤 관계가 있을까요? 잠시 침팬지나 고릴라로 눈을 돌려 보죠. 이런 유인원 공동체를 관찰하면 '영아 살해'가 자주 목격됩니다. 그러니까 수컷이 암컷에게 딸린 새끼를 죽이는 것입니다. 끔찍하지요?

이렇게 수컷에 의한 영아 살해가 일어나는 이유는 분명합니다. 어떤 암컷을 다시 임신할 수 있는 상태로 돌리는 가장 빠른 방법이 바로 그에게 딸린 새끼를 죽이는 것이기 때문이지요. 가능한 한 자신의 새끼를 더 많이 번식하려는 수컷 입장에서는 자기가 임신시키고자 하는 암컷에게 딸린 새끼를 죽이는 게 합리적입니다.

영국의 로빈 던바Robin Dunbar 같은 과학자는 이런 영아 살해를 막으려는 시도가 인류를 포함한 영장류에서 일부일처제가 나타난 중요한 이유라고 주상합니다. 서로 교미해서 새끼를 낳은 수컷과 암컷은 다른 수컷에게서 자신의 새끼를 지킬 필요가 있었고, 그런 노력이 일부일처제로 이어졌다는 것이지요. 다른 영장류보다 훨씬 더 연약한 아기를 낳는 인류도 예외가 아니고요.

실제로 영장류의 일부일처제 비율(약 27%)이 포유류 전체 평균(약 9%)보다 높다는 점을 염두에 두면 이런 주장은 상당히 그럴듯합니다. 하지만 비판도 만만치 않습니다. 인류의 다양한 문화권 전체가 일부일처제를 채택하고 있지 않기 때문에, 그것의 사회적 영향도 고려해야 한다는 것입니다.

맞습니다. 실제로 인류 역사에서 대부분의 문화권은 '일부다처제'를 허용했습니다. 지금도 이를 허용하는 문화권이 꽤 되고요. 하지만 기억해야 할 점이 있습니다. 일부다처제를 허용하는 문화권에서도 대부분의 남녀는 일부일처제로 살아갔어요. 그러니까 오래전부터 더 많은 아내를 거느릴 수 있었던 남자는 소수였던 것입니다.

인류학의 연구 결과를 종합하면, 일부일처제의 역사도 상당히 깁니다. 처음에는 한 남자와 한 여자가 단기간 가정을 꾸리는 원시적인 일부일처제였습니다. 수렵 담당 남성과 채집 담당 여성이 한시적으로 가정을 꾸렸다가 헤어지는 일을 평생 반복했지요. 보통 남성이 오갔으니 이때는 당연히 여성을 중심으로 씨족이 형성되는 모계사회였습니다.

그러다가 농경 사회가 시작되면서 남성과 여성의 지위가 바뀝니다. 무거운 농기구와 소, 말을 이용한 농사가 본격화하면서 농사는 남성의 일이 되지요. 생산에서 배제된 여성의 역할은 농사지을 인력(아이)을 낳아서 기르는 일로 한정됩니다. 한 남성이 한 여성과 또 그 사이에 낳은 아이를 소유물처럼 여기는 일부일처제에 기반을 둔 가부장제가 시작된 거예요.

일부일처제는 근대 이후에 그럴싸한 화장도 합니다. 신분·생산의 유지에 방점이 찍혔던 일부일처제가 '결혼을 통한 낭만적 사랑의 완성'과 같은 통념을 덧입게 된 것이지요. 결혼으로 만들어진 가족을 부양하는 책임감 있는 남성과 집에서 내조하며 사랑받는 여성, 이런 일부일처제의 전형은 오늘날까지 이어지고 있습니다.

한편 인류의 일부일처제 기원을 놓고서 다른 주장을 펴는 과학자도 있습니다. 캐나다 워털루대학교 크리스 바우흐Chris Bauch 교수 등에 따르면, 인류가 모여 농사짓기 시작하면서 매독, 클라미디아, 임질 같은 성병이 늘어났습니다. 한 지역에 정착해 살기 시작하자 사회 규모가 커지고, 집단 간의 접촉이 늘면서 성병에 치명적인 환경이 조성된 것입니다. 이들은 성병이 인류를 위협하자, 이에 대응해 등장한 제도가 오직 한 사람과 성관계해서 건강한 자손을 낳는 일부일처제였다고 주장합니다.

흔들리는 일부일처제, 결혼의 몰락

지금까지 일부일처제가 나타난 과정을 간략하게 살펴보았습니다. 그런데 이렇게 완성된 일부일치제가 흔들리고 있습니다. 미국 대통령 도널드 트럼프가 그 예입니다. 2019년 현재 만 73세인 트럼프는 1977년에 이바나 트럼프Ivana Trump(만 70세), 1993년에 말라 메이플스Marla Maples(만 56세), 그리고 2005년에 현재의 영부인 멜라니아 트럼프Melania Trump(만 49세)와 세 번 결혼했습니다. 고약한 이들은 "한 번에 세 여자와 살림을 차리지 않았을 뿐이지, 시간 차를 둔 일부다처제와 무엇이 다른가." 하면서 비아냥거립니다.

트럼프의 예처럼 일부일처제를 고수하는 사회에서도 재력과 같은 능력을 갖춘 남성 혹은 여성은 마음만 먹는다면 언제든지 자신의 배우자를 갈아 치울 수 있습니다. 알다시피 결별(이혼)하는 경우도 흔하고요. 미국 초혼 부부의 40%는 사랑을 지키지 못하고 이혼합니다.

이러다 보니 남자와 여자가 결혼해서 아이를 갖는 '가정'의 의미도 변하고 있습니다. 미국에서는 신생아의 41%가 결혼하지 않은 커플 사이에서 태어나고 있습니다. 이는 1970년대에 비하면 네 배가 증가한 수치입니다. 이렇게 결혼하지 않은 커플이 낳은 아이는 정식으로 결혼한 법적인 부부 사이에서 낳은 아이와 함께 성장할 가능성이 큽니다.

여기에 결혼에 기반을 둔 일부일처제의 그림자도 있습니다. 결혼한 남성이나 여성이 배우자가 아닌 다른 이성과 관계를 갖는 외도는 어제오늘 일이 아닙니다. 남성이 돈으로 성을 사고파는 매매춘도 사라지기는커녕 오히려 더 기승을 부리고 있습니다. 오죽하면 성매매를 합법화하자는 주장까지 공공연하게 나오겠어요?

과학기술의 발달로 과거와 비교할 수 없을 정도로 인류의 기대 수명이 길어지는 추세도 결혼에 기반을 둔 일부일처제에 영향을 주고 있습니다. 한국인의 기대 수명은 남성 79.7세, 여성 85.7세입니다(2017년 기준). 만약 이십 대 후반에서 삼십 대 초반 사이의 남성과 여성이 결혼한다면 50년 가까이 함께해야 합니다.

남성 중심의 가부장제가 여전한 한국에서 이런 기나긴 결혼 생활의 피해자는 대부분 여성입니다. 직업과 자아실현을 포기하고 평생 남편과 아이를 뒷바라지하다 할머니가 된 여성이, 할아버지가 된 남편의 수발을 드는 상황은 어떤가요? 요즘 부쩍 '황혼 이혼'이나 '졸혼(卒婚)' 등이 입에 오르내리기 시작한 이유도 바로 이 때문입니다.

결혼해도 괜찮아! vs. 결혼은 미친 짓!

소설가 이만교는 2000년 『결혼은, 미친 짓이다』를 펴냈습니다. 이 책에는 결혼하지 않았을 뿐만 아니라 이 제도 자체를 혐오하는 남자 주인공('나')과, 세상의 시선을 의식해 그럴듯한 직업의 남성과 결혼을 하고서 '나'와 몰래 다른 살림을 차리는 여자 주인공('그녀')이 등장합니다. 흔히 '결혼' 하면 떠올리는 낭만적인 사랑 같은 통념을 비웃는 것이지요.

미국의 작가 엘리자베스 길버트 Elizabeth Gilbert 는 2010년 에세이 『결혼해도 괜찮아』를 펴냈습니다. 철없던 이십 대에 했던 결혼이 깨지면서 만신창이가 된 길버트는 치유를 위한 여행길에 만난 또 다른 사랑과 두 번째 결혼을 고민합니다. 인류가 경험한 결혼 제도의 이모저모를 따져 보고, 수많은 고민을 한 끝에 그녀가 내린 결정은 제목대로 '결혼해도 괜찮아'입니다.

『결혼은, 미친 짓이다』의 '나'와 『결혼해도 괜찮아』의 엘리자베스 길버트는 모두 결혼의 다양한 모습을 대변합니다. 어쩌면 영장류의 영아 살해에서 촉발되었을지도 모르는 일부일처제는 낭만적 사랑에 기반을 둔 결혼으로 확고한 제도가 되었습니다. 앞으로도 대부분의 남성과 여성은 낭만적 사랑을 꿈꾸고 결혼을 하나의 규범처럼 받아들이며 일부일처제를 유지하겠지요.

하지만 분명히 『결혼은, 미친 짓이다』의 '나'와 '그녀'처럼 파격적인 방식으로 (이성 간) 결혼 제도의 근간을 흔드는 다양한 실천이 등장할 것입니다. 미래에는 그런 파격적인 방식 가운데 하나가 일부일처제를 대신할지 모릅니다. 그러고 보니 미국은 2015년 6월 26일 남성과 남성, 또 여성과 여성이 결혼하는 동성 결혼 법제화를 선언했습니다. 변화는 시작되었습니다.

∾ 겹쳐 읽기

63쪽 〈시험 잘 보는 법'보다 중요한 것〉에서는 일부일처제만큼이나 우리가 당연하다고 생각하는 시험 제도를 삐딱하게 생각할 수 있습니다. 인간의 필요 때문에

만들어진 시험 제도가 인간의 자유를 속박하게 되는 역설적인 모습은 여러분에게
여러 가지 질문을 남길 것입니다.

📖 확장해서 읽기

◎ 일부일처제의 기원을 진화심리학의 관점에서 조명하고 싶다면
☞ 로빈 던바, 김학영 옮김, 『멸종하거나 진화하거나』(반니, 2015)

◎ 결혼 제도의 허구성 및 순기능을 비판적으로 살펴보고 싶다면
☞ 엘리자베스 길버트, 노진선 옮김, 『결혼해도 괜찮아』(솟을북, 2010)

◎ 일부일처제라는 결혼 제도를 비웃는 한 가지 실천을 보고 싶다면
☞ 이만교, 『결혼은, 미친 짓이다』(민음사, 2005)

2040년,
지방 도시가 사라진다

> **"**
> 지방 도시를 살리는 것이
> 가능할까?
> **"**

문 닫는 학교들

2016년 2월 29일, 경상북도 영천에 있던 한 중학교가 폐교했습니다. 그곳은 바로 임고중학교. 학생 수가 줄어들면서 지역 중학교 몇 곳을 통합하는 과정에서 없어진 것이지요. 공교롭게도 이 학교가 문을 닫기 몇 달 전에 저는 그곳과 인연을 맺었답니다. 물리학자 김상욱 선생님(경희대학교 물리학과)과 함께 이 학교를 찾아서 강연했거든요.

강연이 성사된 과정도 예사롭지는 않았어요. 2015년 6월에 과학자 여럿과 함께 나눈 대화를 모은 『과학 수다』를 펴내고 나서 특별한 이벤트를 준비했습니다. 평소 과학자를 직접 만나기 어려운 외딴곳에 위치한 중고등학교의 신청을 받아서 방문하기로 한 것이지요. 물론 강연료는 따로 받지 않고요.

처음에는 과연 신청하는 곳이 있을까, 걱정했습니다. 그런데 상당히 많은 전국 곳곳의 중고등학교에서 신청했어요. 고심 끝에 강원도 정선, 충청남도 홍성, 경상북도 영천 등의 중고등학교를 선정했습니다. 임고중학교 강연은 바로 이런 과정을 통해서 성사되었습니다.

놀라운 경험이었습니다. 평생 진짜 과학자를 단 한 번도 만나 본적이 없던 시골 중학교 학생들은 다소 어려운 내용이었을 텐데도 한눈팔지 않고 강의에 집중했어요. 미리 책을 읽고 준비한 질문도 기발했습니다. 강연 전에 잠시 만나서 대화를 나눈 교장 선생님은 문을 닫는 학교에 강한 아쉬움을 표했어요. 저도 왠지 가슴이 찡했습니다. 폐교 외에는 답이 없었을까요?

300년 뒤 대한민국이 사라진다!

대도시에서 사는 독자라면 학생 수가 줄어서 학교가 문을 닫는 것이 남의 일처럼 느껴질 거예요. 아이를 낳지 않아서 인구가 줄어든다는데 정작 등하굣길은 왜 이렇게 복잡한지, 대입 경쟁률은 왜 이리도 높은지 의아할 겁니다. 현재로서는 우리나라 인구가 매년 줄어들기는커녕 오히려 늘고 있고요.

실제로 한반도의 남쪽 인구가 가장 많을 때는 앞으로 10년 뒤인 2030년경이 될 거예요. 왜냐하면 한창 인구가 늘어나던 20세기 후반에 태어난 이들이 여전히 두꺼운 층을 형성하고 있으니까요. 그러다 2030년께 정점을 찍고 나서 빠른 속도로 전체 인구가 줄어들 겁니다. 그 속도가 워낙 빠르다 보니 우리나라뿐만 아니라 전 세계 학자가 관심을 가질 정도지요.

심지어 데이비드 콜먼David Coleman 영국 옥스퍼드대학교 교수는 300년 뒤에는 지구에서 대한민국이라는 나라가 없어지리라 예측합니다. 대한민국이 아이를 낳지 않아 세상에서 사라지는 첫 번째 국가가 된다는 것입니다. 지금처럼 아이를 낳지 않는다면, 2100년에 인구는 2,000만 명 수준이 되어 지금의 절반 아래로 떨어집니다. 그러고 나서 계속 인구가 줄다가 결국엔 소멸!

사실 사십 대 이상은 이런 상황이 낯섭니다. 왜냐하면 그들이 어렸을 때만 해도 너무 많은 인구가 큰 문제였거든요. 6·25전쟁이 끝나고 나서 1955년부터 1963년까지는 임신이 가능한 나이대의 여성이 1인당 평균 6명의 아이를 낳았어요. 제가 태어난 1970년대 중반까지만 하더라도 여성 1인당 평균 3.4명의 아이를 낳았지요.

상상이 안 되겠지만, 그때는 초등학교 한 반에 60~70명의 학생이 모여서 공부했어요. 학생은 많은데 교실이 부족해서 오전반과 오후반으로 나눠서 이부제 수업을 하는 학교도 있었고요. 저만 해도 초등학교 저학년 때 오후반 수업을 받았던 기억이 납니다. 30명이 안 되는 지금의 한 반 학생 수를 염두에 두면 정말로 '세상에 이런 일이!' 수준이었지요.

주체할 수 없을 정도로 늘어나는 인구에 큰 부담을 느낀 정부가 1970년대 초부터 적극적으로 출산 억제 정책을 펼쳤습니다. 출산율이 높아 부양 인구가 급증하면, 삶의 질이 떨어지고 사회 발전을 해칠 것이라는 위기의식 때문이었지요. 1974년에는 정부가 예비군 훈련에 참석한 남성에게 정관수술을 권하기도 했어요. 정관수술을 받으면 훈련을 면제하는 식으로요. 남성의 고환에서 만들어진 정자가 이동하는 통로인 정관을 막아서 남녀가 관계를 맺더라도 임신이 안 되도록 한 것이지요.

이런 웃지 못할 정부의 노력 끝에 1980년대 초반이 되면 출산율이 여성 1인당 2.9명으로 떨어집니다. 그러다 1980년대 중반부터는 여성 1인당 2명 이하로 떨어졌죠. 그 뒤 출산율은 계속해서 하락해 2016년에는 1인당 1.2명까지 줄었습니다. 남녀 둘이 만나 최소한 아이 2명을 낳아야 지금의 인구가 유지될 텐데, 무려 30년 넘게 평균 2명도 안 되었던 것이지요.

앞에서 잠시 언급했듯이 이런 인구 감소를 서울, 인천, 부산 같은 대도시에서 체감하기는 힘듭니다. 왜냐하면 나라 전체의 인구가 줄더라도 그런 대도시는 항상 사람이 북적대니까요. 진짜 문제는 임 고중학교가 있던 경북 영천 같은 지방의 작은 시군입니다. 그런 지 방 중소 도시의 상황은 지금도 심각합니다.

30%의 지방 도시가 사라진다

우리보다 먼저 인구가 줄어드는 사회문제를 겪고 있는 일본에서 는 『지방 소멸』 같은 섬뜩한 제목의 책이 화제가 된 적이 있습니다. 이 책의 저자인 마스다 히로야增田寬也는 '20~39세 임신 가능한 여성 인구'가 '65세 이상 노인 인구'의 절반에 미달하는 지역을 '소멸 위 험' 대상으로 분류했습니다. 일본의 지방자치단체 가운데 절반 정도 인 896곳이 이런 소멸 위험 대상이었지요.

똑같은 기준으로 대한민국을 살펴보면 어떨까요? 《중앙일보》 (2016년 5월 8일 자)의 분석 결과를 보면, 전국 지방자치단체 가운데 약 30%가 소멸 위험 지역으로 분류됩니다. 그래도 3분의 1 수준이 니 절반 정도인 일본보다는 그나마 형편이 나은 것 아니냐고요? 그 렇지도 않습니다. 10년 만에 소멸 위험 대상이 3배 가까이 증가했 습니다(33곳→80곳).

마강래 중앙대학교 교수가 『지방 도시 살생부』에서 내놓은 분석 결과도 암담하긴 마찬가지입니다. 마강래 교수는 가임 여성 수가 줄어서 아이를 낳지 않는 '자연적 감소'뿐만 아니라 취업, 진학 등의 이유로 다른 지역으로 이사하는 '사회적 감소'까지 고려해야 한다고 지적합니다.

마강래 교수는 이런 사회적 감소까지 염두에 두고 과거 20년 동안의 통계 자료를 기반으로 전국 지방자치단체의 미래 인구를 예측했습니다. 분석 결과를 보면, 2040년에 전국 지방자치단체 가운데 30%가 소멸 위험 지역이 됩니다. 인구수가 아예 '0'이 되는 것은 아니지만, 도시의 기능을 유지할 수 없을 정도로 인구가 줄어드는 상태가 된다는 것이지요.

미국의 디트로이트는 좋은 예입니다. 제2차 세계대전 직후만 하더라도 디트로이트는 전 세계에서 가장 유명한 자동차 생산 도시였습니다. 그러다 1980년대부터 일본 자동차 회사에 밀려서 몰락하기 시작했지요. 도시를 지탱했던 자동차 회사의 공장이 문을 닫자 인구가 급속히 줄었습니다. 1950년 180만 명이 넘던 디트로이트의 인구는 2013년 70만 명 미만으로 떨어졌습니다.

인구수가 '0'이 된 것은 아닙니다. 하지만 공장이 문을 닫으면서 디트로이트 주민의 평균 수입은 가구당 평균 5만 달러에서 2만 8,000달러로 줄었습니다. 주민이 내는 세금이 적어지니 당연히 디트로이트시의 수입도 줄었지요. 결국 디트로이트는 2013년 재정 악화로 파산합니다. 그 뒤의 상황은 더욱더 참담했어요.

인구가 반 토막 나더라도 면적은 그대로입니다. 여기저기 흩어져 사는 남은 주민에게 상수도, 도로, 교통, 학교, 경찰(치안), 공원 등의 서비스를 제공하는 일은 더 어려워집니다. 비용은 비싸지는데도 그

질은 떨어집니다. 2008년 이후, 디트로이트의 공원 70%는 폐쇄됐어요. 가로등 10개 가운데 1개는 고장 나 있고요. 경찰 출동 시간은 미국 평균보다 5배나 느립니다.

2040년이 되면 국내 지방 도시 가운데 약 30%가 디트로이트의 전철을 밟을 가능성이 큽니다. 특히 대도시와 비교하면 급속히 늙어 가는 몇몇 지방 중소 도시가 걱정입니다. 2018년 11월 기준으로 주민등록 인구수에 따른 '시도별 평균 나이'를 보면 서울 42.1세, 경기 40.3세와 비교했을 때, 삼척 46.6세, 남원 47.8세, 김제 50.1세, 영주 47.7세, 문경 49.6세입니다. 2040년이 되면 이들 도시의 미래는 어떻게 될까요?

지방 소멸의 결과는 모두의 공멸

디트로이트의 예에서 봤듯이, 인구가 줄어들수록 도시를 유지하는 비용은 늘어납니다. 10만 명이 살던 어느 도시의 인구가 절반으로 줄어든다고 도로도 반으로 줄일 수는 없으니까요. 도시의 도로 보수 비용이 연간 100억 원이라 치면, 예전의 인구 10만 명을 위해 지출된 100억 원은 1인당 10만 원이지만, 인구가 절반으로 줄어서 5만 명이 되면 1인당 20만 원이 듭니다.

상수도도 마찬가지입니다. 상수도가 낡아서 버려지는 수돗물이 매해 2,500억 원어치입니다. 그 대부분(80%)은 지방 중소 도시에서 버려집니다. (1인당) 상수도관이 더 길고, 관리가 안 되면서 생기는 일이지요. 지방자치단체는 주민에게 요금을 받아 상수도를 유지·보수합니다. 하지만 돈이 없는 몇몇 지방자치단체는 그럴 여력이 없습니다.

앞에서 임고중학교 폐교 이야기를 했습니다. 여기에도 그럴 만한 사정이 있어요. 2017학년도 기준으로 전국 초등학교 1인당 교육비는 전국 평균 357만 원 정도입니다. 학생 수가 696명인 서울 용산구 원효초등학교는 학생 1인당 교육비가 337만 원 정도인 데 반해서 학생이 34명뿐인 강원도 태백의 통리초등학교는 학생 1인당 교육비가 2,050만 원대입니다.

337만 원과 2,050만 원. 왜 이렇게 차이가 나는 걸까요? 맞습니다. 학생 수가 적어서 아무리 학교 건물이 작더라도, 기본적으로 들어가는 돈이 있습니다. 교실도 있어야 하고, 냉난방도 해야 하고, 교장 선생님도 한 명씩 있어야 합니다. 이런 고정비용을 따져 보면 오히려 시골 학교의 교육비가 도시 학교의 교육비보다 높아지는 것입니다.

도서관, 공연장, 박물관, 체육 시설 같은 공공시설의 상황도 똑같습니다. 2015년 기준으로 인구가 줄어드는 20개 도시의 공공시설 59곳 가운데 97%(57곳)가 적자 상태였어요. 더구나 이런 적자 상태의 공공시설 39%(22곳)는 2010년 이후에 지어졌어요. 인구가 줄어들고 있지만 남은 주민을 위해서 공공시설을 지은 것이지요.

바로 이 대목이 문제입니다. 지방 도시 소멸은 단순히 '명절 때

찾아갈 고향이 사라진다' 같은 낭만적인 문제가 아닙니다. 지방 도시의 인구가 절반으로 줄어든다고 해서 그곳을 없는 셈 칠 수는 없습니다. 대한민국 시민이 사는 한 정부는 상수도, 도로, 교통, 치안 서비스를 제공해야 합니다. 학생이 한 명이라도 있다면 학교를 운영하는 게 맞습니다.

앞에서 살폈듯이 그렇게 하려면 엄청난 비용이 듭니다. 디트로이트처럼 상당수 지방 도시는 그런 비용을 감당할 여력이 없어요. 그렇다면, 어떻게 해야 할까요? 결국은 전 국민이 조금씩 나눠서 지방 도시를 유지하는 비용을 댈 수밖에 없습니다. 그런데 시간이 지날수록 늘어날 그 비용을 무한정 대는 일이 가능할까요?

압축 도시, 흩어지면 죽는다

마강래 교수가 『지방 도시 살생부』 같은 섬뜩한 제목의 책을 낸 것도 이런 이유 때문입니다. 지금 지방 도시의 소멸 문제에 경각심을 가지지 않으면 나라 전체가 공멸할 수도 있으니까요. 그렇다면 공멸을 막기 위해 무슨 조치가 필요할까요? 마강래 교수는 '압축 도시'라는 다소 충격적인 대안을 내놓습니다. "뭉치면 살고, 흩어지면 죽는다!"

어차피 지방 도시의 인구가 줄어드는 상황을 막을 수 없다면, 도시를 압축해야 합니다. 그래야 그곳에 사는 주민이 최소한의 비용으로 애초 누렸던 도시 서비스를 받을 수 있으니까요. 우선 지방 도시가 덩치를 불리는 것을 막고, 가능한 한 모여 살도록 도시 설계를 다시 해야 합니다.

아마 지방 도시에 사는 독자라면 무슨 말인지 이해가 될 거예요. 지방 도시를 가면 어디나 구도심과 신도심이 있습니다. 역이나 터미널을 중심으로 사람의 왕래가 잦았던 구도심은 쇠퇴하고, 애초 논밭이었던 곳에 아파트가 들어서고 관공서가 옮겨 가면서 신도심이 형성되지요. 가뜩이나 인구가 줄어드는데 도시만 커지는 것입니다. 이런 일을 막아야 합니다.

이렇게 도시를 압축하는 과정에서 파격적인 조치도 필요합니다. 사람이 살지 않는 빈집은 부수거나 다른 용도로 바꿔야 합니다. 그냥 두면 낡고 범죄에 이용되는 등 도시의 황폐화를 자극하는 요인이 될 테니까요. 도시 외곽에 아파트를 짓는 일과 같은 새로운 주택 사업을 막고, 어떻게든 지역에 맞춤한 일자리를 만들려고 노력해야 합니다.

이런 일이 하루라도 빨리 가능할 때 지방 도시의 극적인 소멸을 막을 수 있습니다. 문제는 중앙정부도 지방 도시도 이런 현실을 인정하지 않는다는 것입니다. 걱정입니다. 앞으로 임고중학교 같은 폐교는 더욱더 늘어날 테고 결국 그 폐교가 있는 지역도 소멸할 가능성이 큽니다. 지방 도시가 사라진 대한민국은 나라 꼴을 유지할 수 있을까요?

🔖 겹쳐 읽기

101쪽 〈누가 도시를 구할 것인가〉를 보면 사람들이 모여 사는 고밀도의 도시가 저밀도의 시골보다 훨씬 더 환경친화적이라는 사실을 알 수 있습니다. 지방 도시를 살리는 대안 가운데 하나인 '압축 도시'는 삶의 질을 높일 뿐만 아니라 자연환경을 지키는 데에도 도움이 됩니다.

🔖 확장해서 읽기

◎ 지방 쇠퇴 문제의 현실적인 해법을 고민하고 싶다면

　☞ 마강래, 『지방 도시 살생부』(개마고원, 2017)

◎ 인구 급감 사회인 일본의 모습을 통해 우리 사회를 돌아보고 싶다면

　☞ 마스다 히로야, 김정환 옮김, 『지방 소멸』(와이즈베리, 2015)

◎ 저출산이 가져올 한국 사회의 변화가 궁금하다면

　☞ 조영태, 『정해진 미래』(북스톤, 2016)

한국 과학,
노벨상은 글렀다

> ##
> ## 과학 연구 풍토,
> ## 이대로 괜찮은 걸까?
> ##

기초과학 강국, 일본

2018년에도 어김없이 노벨상 수상자 명단이 발표되었어요. 10월 1일 월요일부터 노벨 생리의학상, 화학상, 물리학상 그리고 평화상이 발표되었습니다. 애초 네 번째 날 발표되던 노벨 문학상은 일부 심사 위원들의 자격을 둘러싸고 부적격 논란이 일면서 2018년에는 아예 시상 자체가 취소되었지요.

노벨상 시즌만 되면 우리는 귀를 쫑긋 세우곤 합니다. 2000년 김대중 전(前) 대통령의 노벨 평화상 외에는 한국인에게 노벨상이 주어진 적이 없기 때문입니다. 특히 이웃 나라 일본으로 시선을 돌리면 더욱더 조바심이 납니다. 일본에선 과학 분야 노벨상 수상자만 해도 2018년까지 24명, 문학상과 평화상까지 합하면 27명이나 노벨상을 받았습니다.

아니나 다를까, 일본은 혼조 다스쿠本庶佑 교토대 교수가 노벨 생리의학상(2018년)을 수상하면서 다시 한 번 축제 분위기가 되었어요. 지난 2015년엔 생리의학상(오무라 사토시大村智)과 물리학상(가지타 다카아키梶田隆章)을 일본 과학자가 동시에 수상해서 세계를 놀라게 했지요. 도대체 일본 과학자가 이렇게 노벨상을 계속해서 받는 이유는 무엇일까요?

면역 항암제는 세상에 어떻게 등장했나

질문에 본격적으로 답하기 전에, 2018년 노벨상을 받은 혼조 교수의 업적부터 살펴보도록 하지요. 그가 노벨상을 받은 이유를 따져 보면, 일본 과학자가 노벨상을 많이 받는 이유를 짐작할 수 있습니다. 혼조 교수의 이번 수상은 새로운 암 치료의 원리를 개발한 공이 큽니다.

시작은 이랬습니다. 혼조 교수는 애초 인간 면역 체계의 비밀을 파헤치는 과학자입니다. 알다시피 면역 체계의 주인공은 T세포 같은 면역세포입니다. 세균이나 바이러스 등이 외부에서 침입하면 면역세포가 이에 맞서지요. 그런데 이 대목에서 혼조 교수는 남들과 다른 '질문'을 던졌습니다. "T세포 같은 면역세포가 임무를 다하고 나서 어떻게 퇴장할까?"

다른 과학자가 모두 면역세포의 대항 메커니즘에 주목할 때, 역발상의 질문을 던진 거예요. 이 질문은 아주 중요합니다. 왜냐하면 면역세포가 역할을 제대로 못 해도 문제지만, 역할에 너무 치중하는 것도 심각한 문제니까요. 면역세포가 활동을 제때 멈추지 않으면 그 자체로 심각한 해를 끼칠 수 있어요.

면역세포는 세균이나 바이러스뿐만 아니라 공격하지 말아야 할 것, 예를 들어 인체 조직이나 장기까지 공격할 가능성이 있습니다. 류머티즘성 관절염, 건선 같은 자가면역질환은 그 단적인 예입니다. 혼조 교수는 이런 일이 발생할 가능성이 낮은 이유가 면역세포의 활동을 조절하는 제어장치가 있기 때문이라고 보았습니다.

좋은 연구 질문은 훌륭한 결과로 돌아옵니다. 혼조 교수는 T세포 같은 면역세포 표면에 있는 'PD-1' 단백질이 바로 그런 역할을 한다는 사실을 확인했어요. 태평양 건너 미국에서는 제임스 앨리슨James Allison 텍사스대 교수가, 같은 역할을 하는 'CTLA-4' 단백질을 찾아서 이번에 노벨상을 공동 수상하게 되었습니다.

PD-1 같은 단백질이 면역세포의 활동을 조절하기 때문에 면역 기능이 과해서 나타나는 문제가 생기지 않았던 거예요. 실제로

PD-1 단백질을 만들어 내지 못하도록 유전자를 조작한 생쥐는 심각한 자가면역질환을 앓는다는 사실이 밝혀졌어요. 과학계는 이렇게 면역세포의 활동을 조절하는 과정을 '면역 관문(immune checkpoint)'이라고 부릅니다.

혼조 교수는 여기서 한 걸음 더 나아갔습니다. 자기가 밝힌 면역 체계의 비밀을 암 치료에 이용할 가능성을 고민했지요. 수십 년간 수많은 과학자가 풀지 못한 암의 미스터리가 있습니다. '왜 면역세포는 암세포를 공격하지 않을까?' 돌연변이를 일으켜서 증식하며 인체에 치명적인 해를 끼치는 암세포를 면역세포가 그대로 두는 이유를 놓고서 과학자 여럿이 고민을 했습니다.

혼조 교수는 암세포가 면역세포를 회피하는 수단을 갖고 있을 것이라고 짐작했습니다. 실제로 암세포가 그와 같은 수단으로 'PD-L1'이나 'PD-L2' 같은 단백질을 내놓는다는 사실도 확인했고요. 암세포 표면에 있는 이 단백질은 면역세포 표면에 있는 PD-1 단백질을 만나면 자물쇠(PD-L1, PD-L2)와 열쇠(PD-1)처럼 만납니다. 그러면 면역세포는 활동을 중단하지요. 암세포는 이렇게 면역 작용을 회피하면서 몸속에서 마음껏 증식합니다. 그럼 암세포를 혼내 주려면 어떻게 해야 할까요? 맞습니다. 면역세포의 열쇠와 암세포의 자물쇠가 만나지 못하게 하면 돼요.

혼조 교수는 열쇠(PD-1)와 자물쇠(PD-L1)가 만나지 못하도록 외부 물질을 주입했어요. 결과는 대성공이었습니다. 면역세포가 활동을 중단하지 않고 암세포를 죽이기 시작한 거예요. 이 외부 물질을 암 치료의 새로운 신약으로 개발한 것이 바로 '면역 항암제'입니다. 혼조 교수의 연구 결과는 '옵디보'나 '키트루다' 같은 새로운 면역 항암제의 등장으로 이어졌지요.

면역 항암제는 흑색종 같은 피부암부터 폐암, 위암, 신장암, 방광암 등 여러 가지 암에 효과를 보였어요. 특히 더는 치료 수단이 없어서 죽기만을 기다리던 말기 암 환자에게 희망이 되었습니다. 예를 들어 2015년에는 지미 카터 Jimmy Carter 전 미국 대통령이 뇌까지 전이된 피부암(흑색종)을 면역 항암제(키트루다)로 치료한 사실이 세상에 알려지면서 많은 사람을 놀라게 했지요.

물론 지금도 '암과의 전쟁'은 진행 중입니다. 면역 항암제도 치명적인 약점이 있어요. 카터 전 대통령 같은 일부 환자에게는 면역 항암제가 효과를 발휘하는 반면, 상당수 환자에게는 효과가 나타나지 않아요. 폐암 환자의 경우 10명 가운데 2~3명만이 효과를 봅니다. 그 이유를 찾는 일은 이제 다른 과학자의 몫으로 남겨져 있어요.

과학 분야 노벨상만 24명, 일본의 힘

혼조 교수의 연구가 면역 항암제 개발로 이어지는 과정을 살펴보면서 어떤 생각이 드나요? 특히 주목해야 할 사실은 애초부터 그가 항암제 개발을 목표로 연구하지 않았다는 것입니다. 인간 면역 체계의 비밀을 밝혀내는 기초과학 활동이 어쩌다 보니 암 환자들에게 희망을 주고, 또 막대한 돈까지 벌어다 주는 새로운 항암제 개발로 이어진 것이지요.

이 대목이 중요합니다. 일본은 19세기 말까지 거슬러 올라가는 기초과학의 전통이 있어요. 더구나 당시의 수준도 이미 세계적이었습니다. 일본 과학계는 100여 년 전부터 기초과학에 한해서는 전 세계 네트워크와 연결되어 있었어요. 2015년 노벨 생리의학상을 받은 오무라 사토시 교수가 소속된 기타사토대학이 그 증거입니다.

기타사토대의 학교명은 세균학으로 세계적인 명성을 떨친 기타사토 시바사부로北里柴三郎의 이름에서 따온 거예요. 그는 19세기 후반 프랑스의 루이 파스퇴르Louis Pasteur와 함께 현대 세균학의 기초를 닦은 독일의 로베르트 코흐Robert Koch의 제자였지요. 기타사토는 그 실험실에서 1889년 파상풍균을 세계 최초로 배양하고, 동료 에밀 폰 베링Emil von Behring과 함께 '전염병에 걸린 동물의 혈청을 이용한 파상풍 예방법'을 개발했어요.

베링은 디프테리아를 예방하는 혈청 요법을 개발한 공으로 1901년 첫 번째 노벨 생리의학상을 받았습니다. 연구 성과만 놓고 보면 그와 동료로서 공동 연구를 수행했던 기타사토도 첫 번째 노벨 생리의학상의 주인공이 될 자격이 충분했어요. 나중에 밝혀진 바에 의하면, 기타사토는 노벨 생리의학상 최종 후보에 올라 있었다고 해요. 하지만 어떤 이유에서인지 애초 최종 후보에서 빠져 있던 베링이 재심 후 수상의 영광을 안게 됐지요(이를 두고 기타사토가 유럽인이었다면 베링과 함께 공동 수상자로 이름을 올렸을지도 모른다는 뒷말이 계속 나오고 있어요). 일본 과학자는 이렇게 첫 번째 노벨상의 유력 후보였습니다.

기타사토는 1892년 일본으로 돌아와 연구를 계속하면서 후학을 양성했어요. 이후 2015년 기타사토대 소속의 오무라 사토시가 기생충 치료약 '이버멕틴'을 개발해 인류의 고통을 던 공으로 노벨 생리의학상을 받았습니다. 오무라의 연구는 기타사토까지 거슬러 올라가는, 100년 이상의 연구 역량이 축적된 결과지요.

이뿐만이 아닙니다. 알베르트 아인슈타인 Albert Einstein 은 1922년 일본으로 향하는 배 안에서 자신의 노벨상 수상 소식을 들었어요. 이때 그는 20세기 초부터 서구 중심에서 벗어나 독자적으로 연구 역량을 축적해 나간 일본의 물리학자를 만나러 가는 길이었습니다. 일본 물리학은 1949년 노벨 물리학상 수상자 유카와 히데키 湯川秀樹 부터 2015년 수상자 가지타 다카아키까지 이어집니다. (지금까지 노벨 물리학상 수상자만 아홉 명입니다.)

100년 이상 서구와 어깨를 나란히 해 온 기초과학의 두꺼운 토양 외에도 일본 과학의 특징이 하나 더 있습니다. 일본의 과학자는 연구 주제를 쉽게 바꾸지 않아요. 처음에 과학자로서 경력을 시작할 때 자신이 집중한 연구 주제 하나만을 끈질기게 파고드는 풍토가 있지요. 혼조 교수만 하더라도 40년간 면역학만 파고든 과학자입니다.

저는 10년 전 노벨 물리학상을 받은 원로 과학자(마스카와 도시히데盒川敏英)부터 그때 막 유학을 마치고 고국에서 경력을 시작한 이십 대 과학자까지, 열 명의 일본 과학자를 인터뷰한 적이 있어요. 그들은 예외 없이 이십 대 때 자신을 사로잡았던 주제를 계속해서 연구 중이었지요. 그 과정에서 새로운 질문이 덧붙여져 연구가 확장되는 한이 있더라도 유행 따라서 이 주제, 저 주제로 이동하는 경우는 거의 없었습니다.

이런 일본 과학계의 연구 경향을 놓고서 사십 대 후반의 한 국내 과학자와 이야기를 나눈 적이 있어요. 그는 자신이 이십 대 때 국제 학술 대회에서 만난 일본 과학자가 10년, 20년이 지난 지금도 여전히 똑같은 연구 주제를 잡고 있는 걸 보고서 놀랐다는 고백을 전했습니다. "왜 새로운 성과도 안 나오는 낡은 주제를 계속 잡고 있느냐고 물었더니 그것밖에 할 줄 아는 게 없어서라고 답하더군요."

핵심이 바로 이 답변에 들어 있어요. "그것밖에 할 줄 아는 게 없어서" 묵묵히 한 가지 연구 주제만 파고든 과학자가 노벨상을 받습니다. 예를 들어 '청색 LED(발광 다이오드)' 개발에 기여한 공으로 2014년 노벨 물리학상을 제자(아마노 히로시天野浩)와 함께 수상한 아카사키 이사무赤崎勇는 이렇게 말했어요. "유행하는 연구 주제에 매달리지 않고, 하고 싶은 것을 계속하다 보니 어쩌다 노벨상까지 받게 되었습니다." 그도 40년간 똑같은 연구에 매달렸습니다.

2008년 노벨 화학상을 받은 시모무라 오사무下村脩는 어떤가요? 그는 반짝반짝 빛나는 '녹색 형광 단백질(GFP)' 연구에 기여한 공으로 노벨상을 받았어요. 이 녹색 형광 단백질의 원천은 바닷속에서 빛나는 해파리예요. 시모무라는 1960년부터 50년 가까이 해파리 같은 발광 생물의 원리 해명에 전력을 다했습니다. '해파리 외길 인생 50년'에 노벨상이 보상으로 주어진 것이지요.

이렇게 일본 과학자가 수십 년간 한 가지 연구 주제에 몰두하는 일은 일본 특유의 '장인' 전통과도 맞닿아 있을 거예요. 또 다른 각도에서 보면 시대 변화에 적응하지 못하는 답답한 모습으로 보이기도 합니다. 하지만 오히려 눈여겨봐야 할 대목은 이렇게 뚝심 있는 기초과학 연구가 가능한 일본 사회의 분위기입니다.

한국과 비교해 볼까요? 2016년 3월, 알파고가 이세돌 9단을 이기는 것을 보자마자 인공지능(AI) 광풍이 불었습니다. 인공지능과 관계가 없던 과학자조차도 너도나도 인공지능을 연구 계획서에 넣기 시작했어요. 왜냐고요? 그렇게 하지 않으면 정부로부터 연구비를 받아 낼 수 없으니까요. 정부부터 나서서 유행을 조장하고 있으니 과학자는 분위기를 맞출 수밖에요.

이런 상황에서는 뚝심 있게 한 가지 연구 주제를 평생 파고드는 과학자가 등장하기 어렵습니다. 정부가 과학 연구를 눈앞에 보이는 성과(돈)와 연결하고, 유행에 휩쓸려 이 분야 저 분야를 기웃대는 분위기를 조장하는데 어떻게 그런 일이 가능하겠어요?

가끔 한국에서 과학 분야 노벨상이 나올 수 있을지에 대한 질문을 받습니다. 그때마다 고개를 가로젓게 됩니다. 이런 식으로 가다 가는 한국의 과학 분야 노벨상은 글렀습니다. 글을 마무리하는 심정이 답답합니다.

📖 확장해서 읽기

◎ 기초과학 강국 일본의 저력을 확인하고 싶다면
　　☞ 김범성, 『나가오카 & 유카와: 아시아에서 과학 하기』(김영사, 2006)

◎ 현대 과학의 핵심 주제와 최근 떠오르는 과학계의 쟁점이 궁금하다면
　　☞ 이명현·김상욱·강양구, 『과학 수다 1~2』(사이언스북스, 2015)

'시험 잘 보는 법'보다 중요한 것

"
우리가
시험으로 평가받는 것은
당연할까?
"

세계가 기념하는 5월 5일은?

2018년 5월 5일은 특별한 날이었습니다. 해마다 돌아오는 어린이날을 놓고서 무슨 소리냐고요? 사실 우리나라에서 어린이날로 기념하는 이날을, 세상의 많은 사람은 '이 사람'의 생일로 기억합니다. 마침 2018년은 그가 태어난 지 200년이 되는 해라서 세계 곳곳에서 여러 행사도 열렸어요. 바로 독일 태생의 사상가이자 혁명가 카를 마르크스^{Karl Marx}입니다.

예수, 부처 같은 '성인'의 반열에 오른 사람도 아닌데 그가 태어난 날을 세계 곳곳에서 기념한다니 우습다고요? 하지만 꼭 그렇게 생각할 일도 아닙니다. 예수와 부처가 기독교, 불교를 종교로 가진 사람이나 그들의 사상을 따르고 싶은 이에게 끊임없이 영감을 주듯, 마르크스도 지난 200년간 많은 사람에게 영향을 주면서 세상을 바꿔 왔습니다.

여기서 한 가지 엉뚱한 질문을 던져 볼게요. "마르크스는 시험을 잘 봤을까요?" 이 궁금증을 해결하기 전에, 이참에 시험 잘 보는 요령 몇 가지를 공유하겠습니다. 하지만 그냥 공개하자니 아깝습니다. 먼저 마르크스가 누군지 간단히 살펴보고 나서, 시험 잘 치는 방법을 공개하겠습니다.

불멸의 자본주의 비판가, 마르크스

마르크스는 다양한 얼굴을 가진 사상가입니다. 그가 살던 19세기는 영국을 비롯한 유럽을 중심으로 한창 자본주의가 발전하던 때예요. 공장을 짓고 물건을 팔아 많은 돈을 버는 자본가가 왕이나 귀족을 대신해서 세상을 지배해 가고 있었지요. 과학혁명, 산업혁명과 맞물려서 인류의 삶의 질도 나아지고 있었고요.

하지만 과거와는 전혀 다른 새로운 사회문제가 대두되고 있었습니다. 바로 끔찍할 정도로 심한 빈부 격차입니다. 예전엔 왕이나 귀족 같은 극소수의 특권층을 빼놓고는 모두가 가난했어요. 애초 사회 전체의 부도 보잘것없었고요. 하지만 자본주의 사회에서는 사회 전체의 부가 늘어났습니다. 단, 그 부는 기업가, 금융인, 정치가, 소수의 전문가에게 쏠렸지요.

마르크스는 이런 현실을 비판하고 나섰어요. 특히 그는 노동자가 자신의 노동력을 대가(임금)를 받고서 자본가에게 팔아야 하는 현실에 주목했어요. 시장에서 사고파는 상품을 직접 생산하는 노동자가 받는 대가가 고작 겨우 연명할 정도라는 사실에 분노했습니다. 그는 자본가가 쌓은 부의 원천이, 실은 '노동자에게 돌아가야 할 정당한 몫을 빼앗은 것'이라고 여겼어요.

이 대목에서 마르크스는 혁명가로 돌변합니다. 그는 사회에서 다수를 차지하는 노동자가 힘을 모아 혁명을 일으키면 자본가로부터 세상의 권력을 빼앗을 수 있다고 봤어요. 그러고 나서, 그들이 중심이 되어서 이런 부조리한 상황을 개선하면 좀 더 좋은 세상이 되리라 여겼습니다. 바로 자본주의를 대신할 '사회주의' 혁명의 가능성을 제시한 것이지요.

실제로 마르크스가 한창 활동하던 19세기는 혁명의 시대였어요. 1789년 프랑스대혁명이 왕과 귀족이 지배하는 시대를 끝장낸 뒤였습니다. 대혁명 이후 프랑스에서는 7월혁명(1830), 2월혁명(1848)이 이어졌어요. 프랑스뿐만이 아닙니다. 프랑스의 영향을 받아 유럽 각국에서 크고 작은 혁명의 몸부림이 끊이지 않았지요. 마르크스가 혁명을 꿈꾼 건 이러한 시대의 영향이었습니다.

마르크스의 구상은 1917년 러시아에서 현실이 되었습니다. 그에게서 영향을 받은 사회주의자들이 혁명을 일으켜 '차르'(제정러시아 때 황제의 칭호)가 지배하던 전제군주제를 무너뜨렸으니까요. 그러고 나서 등장한 나라가 바로 세계 최초의 사회주의 국가 '소련'(소비에트 사회주의 공화국 연방)입니다. 소련에서 시작된 사회주의 혁명은 중국을 비롯한 세계 각국으로 확산했지요.

이뿐만이 아닙니다. 마르크스의 영향을 받았던 독일의 사회주의자들은 사회민주당을 만들었습니다(1863). 이 사회민주당은 꼭 무력이 아니라 투표를 통해서도 사회주의 혁명이 가능하다는 비전을 제시했어요. 투표권을 가진 다수 노동자가 사회민주당과 같은 자신이 지지하는 정당에 권력을 줄 수 있다는 것이었지요.

실제로 사회민주당은 빠른 속도로 성장했습니다. 우여곡절 끝에 제2차 세계대전이 끝나고 나서는 독일 정치를 좌지우지할 힘을 가진 정당으로 자리 잡았어요. 오늘날 북유럽의 스웨덴과 함께 독일이 복지국가의 한 모델이 될 수 있었던 데는 이처럼 마르크스의 영향을 받은 사회민주당의 활약이 중요했습니다.

자, 이제 마르크스가 지난 200년간 세계사에 얼마나 중요한 역할을 했는지 감이 왔을 거예요. 20세기 세계의 반쪽에 영향을 미친 소련, 중국, 북한 같은 사회주의 국가들은 마르크스의 영향을 받았지요. 실제로 여전히 자국의 정체성을 '사회주의'라고 주장하는 중국은 마르크스 탄생 200주년 행사를 국가적으로 기념했어요.

반대로 자본주의가 초래하는 빈부 격차나 빈곤 문제를 복지 제도를 통해서 극복하려는 복지국가 역시 마르크스의 영향을 받았습니다. 스웨덴, 독일 같은 유럽 국가뿐만이 아닙니다. 우리나라에서도 최근 선거 때만 되면 복지국가로의 전환이 화두가 됩니다. 그런 복지국가도 연원을 따져 보면 마르크스의 영향에서 자유롭지 않습니다.

시험 잘 보는 법 몇 가지

기대하세요. 약속한 대로 지금부터 시험 잘 보는 법을 공개합니다. 지금부터 소개하는 내용은 때로는 시험을 놓고 진행한 여러 연구, 그리고 때로는 여러 경험을 종합한 거예요.

우선 여러 개 가운데 정답 하나를 고르는 선다형 시험. 선다형 시험에서 정답을 모르겠다면, 선택지 가운데 비슷한 것부터 제외하세요. 선다형 선택지에서 비슷한 의미 같은데 말만 살짝 바꾼 것은 정답이 아닐 가능성이 큽니다. 왜냐하면 여러분의 선생님을 비롯한 시험 출제 위원이 제일 싫어하는 일이 바로 오답 시비이기 때문이지요. 선다형 시험의 정답은 전혀 의미가 다른 두 개 가운데 하나일 가능성이 큽니다.

힌트가 또 있어요. 보통 '모든(all)' 혹은 '항상(always)' 같은 표현이 들어간 선택지는 오답일 가능성이 큽니다. 반면에 '일부(some)',

'일반적으로(generally)' 같은 단어가 들어간 진술은 정답일 가능성이 높아요. 그리고 결정적인 힌트! 선택지의 길이가 길수록 정답일 가능성이 있습니다.

대학수학능력시험의 '국어 영역'이나 '영어 영역'은 대개 지문과 그에 딸린 문제 몇 개로 구성되어 있습니다. 이때 어떤 학생들은 지문부터 읽는데, 현명하지 못한 대응입니다. 먼저 문제부터 읽으세요. 그러면 문제를 풀 때 불필요하고 복잡한 지문을 다 읽어 내는 데 시간을 허비하지 않아도 됩니다.

기왕 선다형 시험의 요령을 알려 준 김에 한 가지 노하우를 더 공유할게요. 가끔 써 놓은 답을 지우고 다른 답으로 고치는 경우가 있습니다. 긴가민가할 때는 차라리 처음 고른 답이 나중에 바꾼 답보다 정답일 확률이 높습니다. 왜냐하면 처음 선택할 때, 자신이 의식도 못 한 채 뇌 한구석에 저장된 정보가 떠올랐을 가능성이 있으니까요.

그렇다면 논술 시험도 요령이 있을까요? 꼭 기억해야 할 내용이 있습니다. 첫째, 논술 시험을 볼 때는 서론과 결론을 작성하는 시간을 충분히 확보해야 합니다. 채점자는 여러분의 생각보다 훨씬 더 서론과 결론을 유심히 봅니다. 그러니 본론만 신경 쓰다가 서론·결론을 소홀히 했다면 생각보다 점수를 잃을 가능성이 큽니다.

좋은 서론과 결론을 쓰는 일은 의외로 쉬워요. 괜히 멋을 부리려 하지 말고, 서론에서는 앞으로 자신이 무슨 주장이나 설명을 할지 간단히 제시하면 족합니다. 이 과정에서 본론에 비중 있게 나오는 핵심 단어를 한두 개 정도 나열하는 것도 좋고요. 결론 쓰기의 요령은 더욱더 간단해요. 본론의 내용을 요약하면서 자신의 주장을 한번 더 강조하면 충분해요.

둘째, '요약하라', '설명하라', '주장하라' 같은 지시에 정확하게 반응해야 합니다. '요약하라'나 '설명하라'인데 쓸데없이 자신의 주장을 길게 늘어놓는다면 좋은 점수를 받기 힘들지요. 반면에 분명히 '주장하라'고 했는데 자신의 주장은 없고 사실만 늘어놓아도 마찬가지입니다. 지시하는 바에 따라서 정확하게 답변을 써야 점수를 얻을 수 있어요.

구술시험의 경우는 어떨까요? 역시 일반적으로 알아야 할 요령이 몇 가지 있어요. 우선 답변을 하기 전에 "음…", "어…", "그게요" 같은 표현을 습관처럼 쓰는 일은 삼가야 합니다. 왜냐하면 교사나 교수는 그런 표현을 반복하는 학생의 면접 준비 수준을 낮춰 보는 경향이 있으니까요. 구술시험을 준비할 때, 이런 습관적인 표현을 없애도록 노력해야 해요.

구술시험에서 자신이 모르는 얘기가 나올 때 아는 척 꾸미는 경우가 있어요. 절대로 해서는 안 될 일입니다. 면접관은 그런 순간을 귀신같이 포착합니다. 곧바로 제대로 아는지 확인하는 추가 질문이 뒤따를 가능성이 큽니다. 그러면 좋은 점수를 받는 일은 불가능하지요. 그러니 모르는 건 솔직하게 모른다고 답하고 다음 기회를 잡는 게 좋습니다.

구술시험에서 평가자가 중간에 내 말을 자르면 어떻게 해야 할까요? 당황하지 마세요. 평가자의 그런 행동은 여러분이 답변을 잘못해서가 아니라, 충분히 평가할 만큼 들었다는 신호입니다. 평가 시간이 한정돼 있어서 생기는 일일 뿐입니다. 그러니 차분히 다음 질문을 기다리고 나서, 다시 답을 하면 됩니다.

질문을 명확하게 이해하지 못할 때가 있죠? 그럴 때는 지레짐작해서 답변하기보다는 질문의 의도를 명확하게 물어보는 편이 낫습니다. "이런 질문을 하신 게 맞죠?"처럼 말이에요. 그러면 질문자의 의도를 정확히 파악해서 답변할 수 있을 뿐만 아니라, 어떤 평가자는 그렇게 자기 질문을 다시 확인하는 학생에게 명민하다는 인상을 받을 수도 있어요.

시험이란 무엇인가?

흥미롭지요? 지금까지 여러분에게 전한 시험의 노하우는 미국 뉴욕대학교에서 오랫동안 정치학을 가르친 버텔 올먼Bertell Ollman의 책『마르크스와 함께 A 학점을』에 나온 '시험 잘 보는 방법'과 제 경험을 섞어서 몇 가지만 나열한 거예요.

1935년생 할아버지인 올먼은 여전히 마르크스의 사상이 세상을 바꾸는 데 쓸모가 있다고 믿는 지식인입니다. 그런데 어느 순간부터 자신이 가르치는 젊은 세대가 마르크스의 사상에 관심을 안 두

자 고민을 시작했어요. 그런 고민 끝에 2001년에 펴낸 책이 바로 『마르크스와 함께 A 학점을』입니다.

이 책은 마르크스의 생각을 여러 사례와 함께 재미있게 설명하면서 중간중간 시험 잘 보는 방법을 소개하고 있어요. "여러분이 나의 자본주의 이야기에 귀를 열어 준다면, (35년간 교수로 재직하면서 시험에 대해 엄청나게 많은 것을 알고 있는 나는) 시험을 최대로 잘 보기 위해 꼭 알아야 하는 점들을 말해 주겠다."

올먼의 자본주의 이야기는 그 자체로 읽어 볼 가치가 충분합니다. 그리고 이 책에는 앞서 소개한 내용 말고도 학생이라면 꼭 알아야 할 시험에 관한 여러 가지 중요한 사실이 나와 있어요. 무엇보다 여러분에게 꼭 소개하고 싶은 이야기는 따로 있습니다. 올먼은 책의 마지막에 가서야 이렇게 질문을 던집니다. "시험이란 무엇인가?"

여러분은 이 질문에 어떻게 답하겠어요? 그동안 수많은 시험을 봐 왔고, 또 앞으로 대입 시험, 입사 시험 등 중요한 시험을 앞둔 상황에서도 정작 '시험의 본질'이 무엇인지는 따져 물어볼 생각을 못했을 거예요. 올먼은 시험을 당연하게 여기는 상황 자체에 의문을 제기합니다. 그리고 시험의 본질을 이렇게 설명합니다.

시험이란 학생들을 책상 앞에, 그리고 현 상태에 묶어 놓는 사슬이고, 앞으로 닥쳐올 무한 경쟁에 준비시키는 트레드밀(러닝 머신)이며, 벗어나려 들면 발사하겠다고 위협하는 머리 옆의 권총이고, 무엇보다 끔찍하게는, 학생들의 생각을 몽롱하게 만들어 이 미친 상황을 정상으로 여기도록 하는 마약이다.

— 버텔 올먼, 김한영 옮김, 『마르크스와 함께 A 학점을』(모멘토, 2012), 232쪽

맞습니다. 아무리 고상하게 치장하려 해도 시험은 현재 상황을 정당화하고, 또 그것을 위해서 일하는 사람을 키우는 효과적인 수단입니다. 세상에 불만이 많은 할아버지 올먼이 시험 잘 보는 법에만 관심이 많은 여러분 같은 젊은 세대에게 진짜로 전하고 싶은 메시지는 바로 이것입니다. '우리에게 강제되는 사회적 게임을 당연한 것으로 받아들이지 말라!'

이제 처음에 던진 궁금증을 해소할 차례입니다. 마르크스는 시험을 잘 봤을까요? 마르크스는 고등학교 때까지 그다지 시험을 잘 보는 학생이 아니었습니다. 성적은 중간 정도였어요. 그 대신 마르크스는 질문과 생각이 많은 학생이었습니다. 그는 대학에 가서도 아버지가 원하는 변호사 대신에 철학 공부를 택했습니다. 그리고 세상의 규칙을 바꾸는 불가능해 보이는 도전에 나섰지요.

여러분은 어떤 선택을 할 건가요? 세상의 규칙에 순응하면서 이를 그대로 따르는 삶을 살 텐가요, 아니면 세상의 규칙 그 자체에 질문을 던져 보는 도전을 할 건가요?

▽ 겹쳐 읽기

31쪽 〈그들은 결혼해서 행복했을까〉에서는 시험 제도만큼이나 우리가 당연하게 생각하는 현재의 결혼 제도를 비판적으로 짚어 볼 수 있습니다. 대부분의 지역에서 기본으로 통하는 일부일처제의 균열을 살펴보며, 현대의 결혼 제도에 근원적인 문제 제기를 할 수 있지요. 결혼이든, 시험이든 세상에 당연한 것은 없다는 깨달음은 덤입니다.

▽ 확장해서 읽기

◎ 자본주의 체제에서 시험의 본질이 무엇인지 고민하고 싶다면

　　☞ 버텔 올먼, 김한영 옮김, 『마르크스와 함께 A 학점을』(모멘토, 2012)

◎ 마르크스의 삶과 사상을 좀 더 알고 싶다면

　　☞ 이사야 벌린, 안규남 옮김, 『칼 마르크스: 그의 생애와 시대』(미다스북스, 2012)

2장   자연 – 다시 생각하다

우리는 왜
핵발전소를 포기하지 못하는가

> ## 핵에너지는
> ## 대체 불가능할까?

탈핵 - 에너지 전환은 가능할까

지금 대한민국은 논쟁 중입니다. 문재인 대통령은 취임하자마자 국내에서 가장 오래된 원자력발전소(핵발전소) 고리 1호기 영구 중단에 맞춰서 '에너지 전환'을 선언했습니다. 앞으로 핵발전소 숫자를 줄이고 그 공백을 태양광·풍력 에너지 등 재생 가능 에너지로 채워 가겠다는 계획입니다.

당장 여기저기서 반대의 목소리가 들립니다. 핵발전소가 없어지면 일자리를 잃는 원자력 산업계 노동자, 핵발전소 건설 노동자 등의 반발은 당연한 일이지요. 핵발전소를 받아들인 대가로 엄청난 보상금을 받은 지역 주민도 주머니에 들어온 돈이 다시 나갈 생각에 반발하고 있습니다. 원자로 등을 연구하던 과학자, 엔지니어, 학생도 불안해하고요.

보수 언론을 중심으로 반대 여론을 확산하려는 움직임도 거셉니다. 이들은 핵발전소를 없애면 전기 요금이 오를 것이라고 경고합니다. 또 전기에 의존하는 국내 산업의 경쟁력이 약해진다고 겁을 주지요. 세계에서 내로라하는 기술력을 가진 원자력 산업계의 위축도 안타까워하면서 말입니다.

이런 반대 목소리만 듣고 보면, 대한민국은 앞으로도 계속해서 핵발전소를 유지하는 것만이 유일한 살길 같아요. 그런데 정말로 핵에너지가 '미래 에너지'일까요? 이렇게 찬반 의견이 첨예하게 대립할 때는, 잠시 심호흡을 하고서 기본 사실부터 확인해 보는 것이 유용합니다. 일단 숫자부터 몇 개 확인해 봅시다.

핵발전소의 숫자들, 4-11-11

"전 세계에서 소비되는 에너지 가운데 핵에너지가 차지하는 비율은 몇 퍼센트나 될까요?"

강연할 때 이렇게 질문을 던지면 대개는 "한 30~40% 아닌가요?"

하고 답합니다. 아니죠! 세계에너지협의회(WEC)가 펴낸 보고서 『세계 에너지 자원 2016^{World Energy Resources 2016}』을 보면, 2015년 기준으로 전 세계의 난방, 수송, 전기 등 전체 소비 에너지 가운데 핵에너지가 차지하는 비중은 고작 '4.44%'에 불과합니다. 전 세계 전기를 생산하는 에너지 가운데 핵에너지가 차지하는 비중도 '11%' 수준입니다.

한국은 어떨까요? 에너지경제연구원에서 2017년에 발간한 『에너지 통계 연보』를 보면, 2016년 기준으로 한국의 전체 에너지에서 핵에너지가 차지하는 비중은 11.6%였습니다. 고작 11%? 맞아요. 그렇다면 우리 머릿속에 박힌 '30%'라는 수치는 도대체 어디서 나온 것일까요?

같은 보고서를 보면, 우리나라 발전량(전기) 가운데 핵에너지가 차지하는 비중이 30.0%로 대중이 흔히 생각하는 수치와 일치합니다. 기억하세요. 핵발전소는 오직 전기만 만들 수 있어요. 더구나 난방이나 수송에 쓰이는 석유나 천연가스를 빠른 시간 안에 전기로 대체하는 일은 불가능합니다.

앞에서 언급한 4.44, 11, 11.6···. 이 숫자들을 기억하면서 다음 질문에 답해 봅시다.

"현재 핵발전소를 가동 중인 나라는 몇 개국이나 될까요?"

강연장에서 이런 질문을 던지면 대개는 "한 100개국 아닌가요?" 하고 답합니다. 역시 정답과는 큰 차이가 나지요.

2018년 12월 31일 기준으로, 전 세계 454기의 핵발전소를 가동 중인 나라는 31개국입니다. 그나마 미국 98기, 프랑스 58기, 중국 46기, 일본 42기, 러시아 37기, 한국 24기, 인도 22기, 캐나다 19기, 우크라이나 15기, 영국 15기 등 상위 10개국 핵발전소가 총 377기로 80%가 넘습니다.

당연히 31개국 가운데 상당수 국가가 보유한 핵발전소 숫자는 10기 미만입니다. 핵발전소 숫자가 적은 하위 10개국의 핵발전소 숫자는 3기, 2기, 1기 수준입니다. 더구나 454기 핵발전소 상당수는 (최근에 핵발전소 숫자가 늘어나고 있는 중국, 인도, 아랍에미리트 등 일부 예외를 제외하고는) 지어진 지 30년이 가깝거나 넘은 노후 발전소이고요.

2018년 현재 건설 중인 핵발전소는 총 54기입니다. 신규 핵발전소를 건설 중인 국가는 중국, 러시아, 인도, 아랍에미리트 등 신흥국이 대부분이지요. 이 가운데 중국이 11기로 가장 많습니다. 그런데 중국은 이 11기의 핵발전소를 어디에다 짓고 있을까요? 중국을 기준으로 동해안, 즉 서해를 따라서 짓고 있습니다. 만약 그 핵발전소에서 사고가 난다면 어떻게 될까요?

지금까지 가동을 영구 중단한 핵발전소는 총 169기입니다. 미국(35기), 영국(30기), 독일(29기), 일본(18기), 프랑스(12기), 캐나다(6기) 등의 순입니다. 스웨덴(5기), 이탈리아(4기)도 눈에 띕니다. 이처럼 소위 선진국은 핵발전소를 폐쇄하는, 즉 '에너지 전환'으로 가는 추세가 뚜렷해 보입니다.

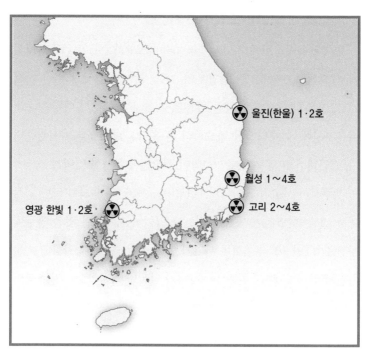

2029년까지 설계 수명 만료를 앞둔 우리나라 원전은 총 11기다.

깜짝 놀랐나요? 이것이 바로 영국에서 1956년에 처음으로 상업 발전을 시작한 핵에너지의 초라한 성적표입니다. (전기를 생산한 세계 최초의 핵발전소는 1954년에 가동된 구소련의 오브닌스크 핵발전소로 발전 용량이 작아 연구용으로만 쓰였습니다.) 한국에서 오랫동안 '미래 에너지'로 칭송받아 온 핵발전소의 성적표가 이렇게 초라한 이유는 무엇일까요?

핵발전소, 희생을 강요하는 시스템

한국원자력문화재단(현재 한국에너지정보문화재단)이 한국리서치에 의뢰해 2015년 3월 13일부터 4월 4일까지 전국의 성인 남녀 1,009명을 대상으로 실시한 여론조사 결과는 아주 흥미롭습니다. 여론조사에서 '핵발전이 필요하다'는 응답은 89.4%를 차지했습니다. 그러니까 10명 가운데 약 9명이 핵발전에 찬성한 것이지요.

후쿠시마 사고가 일어나기 1년 전인 2010년의 원자력 국민 인식 조사 결과 '핵발전이 필요하다'는 응답이 89.4%였던 것을 염두에 두면, 2011년 3월 후쿠시마 사고가 일어난 지 4년 만에 원상태로 돌아간 셈입니다. 하긴 후쿠시마 사고가 일어난 직후인 2011년 4월의 원자력 국민 인식 조사 결과도 78.2%로 상당히 높았습니다.

그런데 여기서 멈추지 말고 여론조사 결과를 찬찬히 살펴보면 아주 흥미로운 사실을 확인할 수 있습니다. 2015년 3월 원자력 국민 인식 조사 결과를 다시 보면, '자신의 거주지에 핵발전소를 지어도 되는지'를 묻는 질문에는 고작 19.6%만 찬성했어요. 후쿠시마 사고가 일어나기 전인 2010년의 원자력 국민 인식 조사 결과 때의 27.5%와 비교해도 줄어든 수치입니다.

한국원자력문화재단의 여론조사 결과를 해석하면 이렇습니다. 우리나라 시민의 대부분은 핵발전소를 어딘가 지어야 한다고 생각합니다. 그래야 자신이 전기에 기반을 둔 과학기술 문명을 누릴 수 있을뿐더러, 전기로 공장을 돌려야 경제도 굴러갈 테니까요. 지금

에너지 전환에 반대하는 일부 언론의 논리와 똑같습니다.

하지만 여론조사 결과만 놓고 보면, 이들은 핵발전소가 자기 눈앞에 있는 것은 싫습니다. 장담컨대, 핵발전소를 자기 동네에 지어도 된다고 답한 그 2명도 진짜로 핵발전소가 들어선다면 머리띠를 질끈 묶고 반대 운동에 앞장설 것입니다. 핵발전소를 둘러싼 이 이중성이야말로 반세기 동안 핵발전소가 초라한 성적표를 받을 수밖에 없었던 진짜 이유입니다.

모두가 핵발전소를 원하면서도 정작 자기 지역에 핵발전소가 들어서는 것은 싫어하니까요. 그러다 보니 핵발전소는 항상 그 사회에서 가장 정치력이 약하고, 경제력이 보잘것없는 소외 지역에 들어설 가능성이 큽니다. 핵발전소가 대한민국에서 전기를 가장 많이 소비하는 서울, 수도권에 들어서지 못한 것도 이 때문입니다.

예를 하나 들어 볼까요? 2011년 일본의 후쿠시마 사고를 떠올려 보세요. 당시 지진이 난 도호쿠東北 지방에 전기를 공급하는 회사는 '도호쿠전력'입니다. 그런데 사고가 난 후쿠시마 발전소는 분명히 도호쿠 지방에 위치하고 있음에도, 운영하는 회사는 '도쿄전력'입니다. 왜 도호쿠 지방에 있는 핵발전소를 도쿄전력에서 운영할까요?

독자 여러분의 "아!" 하는 탄식 소리가 들립니다. 그래요. 후쿠시마 핵발전소에서 생산한 전기는 후쿠시마를 비롯한 도호쿠 지방이 아니라 약 200킬로미터 떨어진 도쿄로 공급됩니다. 그러니 후쿠시마 핵발전소도 도호쿠전력이 아닌 도쿄전력이 관리하는 것입니다.

그렇다면 도쿄로 가야 할 전기를 생산하는 핵발전소가 왜 후쿠시마에 들어서게 되었을까요?

후쿠시마 핵발전소 단지가 만들어지던 1960년대만 하더라도 도호쿠 지방은 일본에서 가장 낙후된 지역이었어요. 당시 도호쿠 지방이 얼마나 차별을 받는 낙후된 곳이었는지는 한국에서도 인기가 높은 일본 소설가 오쿠다 히데오奧田英朗의 『올림픽의 몸값』을 보면 생생히 확인할 수 있습니다.

1964년 도쿄올림픽을 배경으로 한 이 소설의 주인공 시마자키 구미오는 도호쿠 지방의 시골 태생으로 도쿄대 경제학부에 진학했어요. 그는 도쿄에 와서야 자기 지방 사람이 얼마나 차별을 받고 살았는지 생생히 확인하게 됩니다. 일례로, 말도 안 되는 헐값을 받으며 도쿄올림픽을 위한 건설 작업에 동원되는 이들이 바로 자기 고향의 형, 친구, 동생이었어요. 도쿄와 도호쿠로 상징되는 '있는 자'와 '없는 자' 사이의 대립을 온몸으로 실감한 주인공은 도쿄올림픽을 인질 삼아 통쾌한 복수를 꿈꿉니다. 도쿄에 잇따라 방화와 폭발 사건을 일으키며, 올림픽을 완벽히 개최하고 싶으면 돈을 내놓으라고 국가를 상대로 협박하는 것입니다.

주인공의 고향 도호쿠 지방은 역사적으로 중앙에서 소외된 변방입니다. 소설에서처럼 성인 남성이 대도시의 인력으로 팔려 나가, 여성, 아이, 노인만 남은 가난한 동네지요. 그리고 경제적 약자인 이들을 때로는 회유하고, 때로는 억압해서 지은 것이 도쿄로 전기를 공급하는 후쿠시마 핵발전소였습니다.

앞으로 핵발전소를 유지하는 한, 이런 식의 희생은 계속될 수밖에 없어요. 지역 주민의 희생이 불가피한 핵발전소를 유지하는 게 과연 윤리적일까요? 지역 주민과 일반 시민의 목소리가 커질수록, 민주주의가 제도적으로 뿌리를 내릴수록 핵발전소에 대한 지지가 떨어지는 것은 바로 이런 사정 때문입니다.

핵발전소는 하이테크? 올드 테크?

생각해 봐야 할 일이 하나 더 있습니다. 핵발전소는 하이테크 (hightech)일까요, 아니면 올드 테크(old tech)일까요? 복잡한 제어장치가 실타래처럼 엉켜 있는 핵발전소는 현대 과학의 상징처럼 보입니다. 하지만 가만히 따져 보면 전혀 다른 결론이 나옵니다. 물리학을 전공한 일본의 재야 과학사학자 야마모토 요시타카山本義隆는 『나의 1960년대』에서 이렇게 지적합니다.

> 원전은 기존 화력발전의 열원을 중유(혹은 석탄)의 연소에서 우라늄 핵분열로 치환한 것에 지나지 않으며, 그 열로 (물을 끓여 생긴 증기로) 터빈을 돌려서 발전하는 구조는 기존의 화력발전과 완전히 동일하다. 문제는 인위적으로 핵분열반응을 일으켜 열을 발생시키는 중심부, 즉 '원자로'에 있다.
>
> — 야마모토 요시타카, 임경화 옮김, 『나의 1960년대』(돌베개, 2017), 239쪽

핵발전소가 얼핏 하이테크로 보이는 것은 바로 원자로에서 일어나는 우라늄 핵분열의 부작용을 막고자 설치한 안전장치 때문입니다. 야마모토의 지적대로 핵발전소의 본질은 18세기부터 석탄을 태워서 얻은 열로 물을 끓여서 움직인 증기기관과 다르지 않습니다. 단지 열의 원천이 석탄에서 원자로로 대체되었을 뿐입니다.

과학자나 엔지니어는 입만 열면 '혁신'을 강조해 왔어요. 그런데 지금 핵발전소를 옹호하는 과학자나 엔지니어는 핵발전소 이외의 다른 대안에는 관심이 없습니다. 소비 전력의 3분의 1 정도를 핵발전소에서 얻는 나라가 프랑스(4분의 3)와 한국을 포함해 12개 국가 정도로, 전 세계에서 극히 예외적이라는 사실은 안중에도 없습니다.

당장도 아니고 앞으로 수십 년에 걸쳐서 점진적으로 핵발전소 비중을 줄이고 재생 가능 에너지의 비중을 늘리자는 주장에도 쌍심지를 켭니다. 그러면서 태양에너지, 풍력에너지를 비롯한 재생 가능 에너지는 '절대로' 핵에너지만큼의 효율을 담보할 수 없다고 주장합니다. 정반대로 앞으로 핵발전소는 더욱더 효율이 높아지고 안전해지리라고 강조해요.

앞으로 과학기술이 발전하면 핵발전소만 나아질까요? 과학기술이 발전하면 태양에너지, 풍력에너지를 비롯한 재생 가능 에너지도 지금보다 훨씬 더 효율이 높아질 수 있습니다. 또 핵에너지를 대체할 만한 지금과는 전혀 다른 방식의 혁신적인 에너지원이 등장할 가능성은 왜 무시할까요?

지금 우리가 해야 할 '혁신'은, 바로 산업혁명 이후 지금까지 에너지 생산을 지배해 온 (원자로를 포함한) 증기기관에 대한 의문에서 시작해야 하지 않을까요? 저라면 핵에너지와는 비교할 수 없을 정도로 새로운 에너지원이 등장할 가능성에 인류의 미래를 걸겠습니다.

사람의 체온으로 난방을 한다고?

마지막으로 멋진 사례를 하나 소개하겠습니다. 무더운 여름날 사람이 북적대는 만원 지하철 혹은 버스를 타는 일은 곤욕입니다. 그럴 법하지요. 한 명의 사람은 시간당 35만 J(줄)의 에너지를 몸 밖으로 배출합니다. 초당 1J을 다르게 표현하면 1W이지요. 그러니 사람 한 명은 약 100W(35만 J÷3,600초)짜리 전구가 돼 세상으로 에너지를 내놓는 셈입니다.

이렇게 사람이 배출하는 체열(에너지)을 이용해 난방을 할 수는 없을까요? 말도 안 되는 소리가 아닙니다. 스웨덴 스톡홀름 중앙역을 오가는 하루 평균 승객 25만 명의 체열은 실제로 난방에 이용됩니다. 중앙역의 환기 시스템은 이 25만 명의 체열을 모아 지하 탱크 속의 물을 덥힙니다. 뜨거워진 물은 관을 통해 중앙역 근처 한 건물을 포근하게 감쌉니다.

이 건물은 연간 연료 수요량의 3분의 1을 스톡홀름 중앙역에서 모은 체열로 대체합니다. 사람의 따뜻한 온기를 모아 난방을 하는 기가 막힌 일이 현실이 된 것입니다. 우리에게 익숙한 핵발전소와 화력발전소를 포기하면, 그 자리를 이런 기발한 대안이 대신할 수 있습니다. 그 대안을 만드는 에너지 혁명의 주인공은 바로 여러분이 될 테고요.

📖 확장해서 읽기

◎ 핵에너지와 화석에너지에 의존하는 현재 에너지 시스템의 문제점을 살펴보고 대안을 모색해 보고 싶다면

☞ 강양구, 『아톰의 시대에서 코난의 시대로』(사이언스북스, 2011)

◎ 재생 가능 에너지로의 전환이 왜 필요한지 탐구하려면

☞ 헤르만 셰어, 배진아 옮김, 『에너지 주권』(고즈윈, 2006)

◎ 세계 곳곳의 기발한 에너지 전환 사례를 살펴보려면

☞ 다이앤 애커먼, 김명남 옮김, 『휴먼 에이지』(문학동네, 2017)

이상한 게임,
미세 먼지 주범 찾기

> "
> 미세 먼지는
> 중국 탓일까?
> "

이게 다 '중국 탓'일까

해마다 최악의 겨울입니다. '추위'와 '먼지' 둘 가운데 하나를 피할 수 없는 기가 막힌 상황이 계속되고 있습니다. 듣도 보도 못한 추위가 한반도를 꽁꽁 얼리더니, 추위가 가시면 미세 먼지가 난리입니다. 겨울이 가고 봄이 와도 이 같은 사정은 나아지지 않았습니다. 봄철만 되면 미세 먼지가 더 기승을 부리니까요.

이렇게 미세 먼지가 심할 때마다 나오는 말이 있습니다. "이게 다 중국 탓이야!" 많은 사람이 중국 베이징과 톈진의 발전소, 공장 굴뚝, 자동차에서 나오는 미세 먼지가 서해를 건너 한반도를 덮쳤다고 생각합니다. 그런데 미세 먼지는 정말로 중국 탓일까요? 진실은 훨씬 더 복잡합니다.

먼지가 사람을 공격하다

사실 먼지는 우리의 삶과 떼려야 뗄 수 없습니다. 강원도 산골의 공기 좋은 곳에 살더라도 최소한 15억(!) 개의 먼지 입자가 코와 입으로 들어갑니다. 도시에 사는 사람은 매일매일 그 몇 배의 먼지를 마시며 살아가지요. 그리고 이렇게 많은 먼지를 마셔도 심각한 호흡기 질환을 앓고 있지 않는 한 보통 사람은 아무런 문제가 없습니다.

왜냐하면 우리 몸은 먼지의 공격에 맞서는 놀랍고도 정교한 방어 체계를 가지고 있으니까요. 당장 콧구멍으로 들어온 먼지는 일단 코털에 잡힙니다. 운이 좋게 이 방어선을 뚫은 먼지는 나선형으로 된 (먼지 입장에서는 길고 긴) 미로(비개골)를 통과해야 합니다. 이 미로에서 코로 들어온 먼지의 대부분은 갈 길을 잃고 끈적끈적한 벽에 붙잡히지요. 그것이 바로 코딱지입니다.

운이 좋게 코를 통과한 먼지도 목 앞쪽에 위치한 후두에서 다시 한 번 저지당합니다. 끊임없이 흘러드는 침에 휩쓸려 목구멍을 통과해 위 속으로 실려 가지요. 이런 방어 체계 덕분에 자연에서 발생하는 흙먼지, 꽃가루 등 대부분의 먼지는 목구멍을 통과해서 몸속으로 침입할 수 없습니다.

그런데 지난 100년간 이런 균형 상태가 깨졌습니다. 수십만 년 동안 우리 몸이 한 번도 접한 적이 없는 먼지가 몸을 공격하기 시작한 것입니다. 바로 발전소나 공장, 자동차 등에서 나오는 아주 작은 먼지입니다. 우리 몸은 그런 먼지를 막을 만한 방어 체계를 준비할 시간이 없었어요. 우리가 두려워하는 '미세 먼지(Particulate Matter)'가 등장한 것이지요.

미세 먼지는 머리카락 굵기(50~70μm)의 20분의 1 수준에 불과한 2.5μm보다 작은 먼지입니다. 줄여서 'PM-2.5(Particulate Matter ≤ 2.5μm)'로 쓰기도 합니다. 우리나라에서는 10μm보다 작은 먼지를 '미세 먼지', 2.5μm보다 작은 먼지를 '초미세 먼지'라고 부릅니다. 하지만 국제 기준을 따르면 10μm보다 작은 먼지는 '부유 먼지'로 부르고, 2.5μm보다 작은 먼지만 '미세 먼지'로 칭해야 합니다.

이 미세 먼지는 코에서 폐까지 놓인 수많은 덫을 요리조리 피하며 폐를 직접 공격해요. 급기야 폐 속의 작은 공기 주머니인 허파꽈리(폐포)까지 침입합니다. 이렇게 허파꽈리에 박힌 미세 먼지는 그곳에서 버티며 폐를 망가뜨릴 뿐만 아니라 염증 반응을 유발해 혈전(핏덩이)을 만듭니다. 이 혈전은 혈관을 막아서 동맥경화 같은 심혈관 질환의 원인이 됩니다.

미세 먼지가 치매, 우울증 등 뇌 질환을 일으키고 심지어 임신부가 흡입할 경우에는 자궁 속 태아에게도 안 좋은 영향을 준다는 연구 결과도 계속해서 나오고 있어요. 태아의 머리둘레가 감소하거나 조산을 유발해 미숙아 상태로 세상에 나오게 한다는 것이지요. 면역 체계가 형성 중인 어린아이도 미세 먼지 때문에 비만, 알레르기 등이 나타날 수 있고요.

상황이 이렇다 보니 세계보건기구(WHO) 같은 보건 당국이 나서지 않을 수 없겠지요? WHO는 2013년 10월 17일, 미세 먼지를 위험한 '발암 물질'로 지정했습니다. 미세 먼지와 같은 그룹(Group I)에 속한 발암 물질 가운데는 (치명적인 폐암을 유발하는) 석면, (고준위 방사성 폐기물의 주요 성분이자 핵폭탄의 원료가 되는) 플루토늄, 자외선, 담배 연기 등이 있습니다.

미세 먼지, 어쩌면 중국에서 날아오지 않았다

이쯤 되면 미세 먼지를 왜 무서워해야 하는지 똑똑히 알았을 거예요. 이제 이런 미세 먼지가 정말로 중국에서 날아온 것인지 확인해 봅시다. 사실 먼지가 중국에서 날아온다는 발상은 익숙합니다. 삼국시대(174년) 신라의 기록에도 하늘에서 '우토(雨土)'가 내렸다는 글이 있을 정도로 익숙한 황사현상 때문이지요.

황사는 한반도에서 약 2,000킬로미터(고비사막)나 5,000킬로미터(타클라마칸사막) 떨어진 곳에서 상승 기류를 타고 하늘로 올라간 모래 먼지가 빠른 속도로 동쪽으로 이동한 것입니다. 황사는 한반도는 물론이고 일본, 심지어 태평양을 건너서 미국 서해안까지 날아갑니다. 하지만 황사 먼지는 호흡기 질환이 심한 사람이 아닌 한 인체에 그렇게 위험한 영향을 주지는 않아요.

익숙한 황사현상 때문에 으레 미세 먼지도 중국에서 날아온 것이라고 생각하기 쉽습니다. 미세 먼지가 심하면 자동으로 중국 욕부터 하는 사람이 많은 것도 이 때문입니다. 하지만 꼼꼼히 따져 볼수록 상황이 간단치 않아요. 일단 여러 연구 결과를 종합한 한국 정부의 공식 입장부터 살펴봅시다.

미세 먼지는 국외(중국) 영향이 평소에는 30~50%, 고농도 시에는 60~80%다.
— 2016년 6월 24일 자 정책 브리핑

여러 언론은 이런 정부 입장을 미세 먼지가 '중국산'이라는 근거로 내세웁니다. 그런데 가만히 따져 보면 다른 해석도 가능합니다. 이를 뒤집어서 생각하면, '국내 영향이 평소에는 50~70%, 고농도 시에는 20~40%'라는 지적입니다. 그러니까 최악의 상황에서도 최소한 20% 정도는 국내에서 발생한 미세 먼지가 문제라는 것입니다.

이런 해석은 여러 정황이 뒷받침합니다. 예를 들어 미세 먼지가 극심했던 2017년 4월 3일, 한 방송사(SBS)는 서울 도심의 미세 먼지 농도가 $60\mu g/m^3$ 정도이고, 공장 굴뚝이나 자동차 하나 없는 서해 상공의 미세 먼지 농도는 $30\mu g/m^3$이라고 보도했습니다. 서해 상공과 서울 도심의 미세 먼지가 편서풍을 타고 중국에서 날아온 것이라는 내용이었지요.

이 보도의 주장대로라면 서울 도심과 서해 상공의 미세 먼지 농도 차이(60-30=30)는 어떻게 설명할까요? 만약 미세 먼지가 온전히 중국에서 날아온 것이라면 중국에서 가까운 서해 상공의 농도가 더 높아야 합니다. 하지만 실제로는 정반대입니다. 즉 시야가 흐릴 정도로 미세 먼지가 심한 봄날에도 미세 먼지의 절반($30\mu g/m^3$) 정도는 국내산이라고 해석해야 맞습니다.

심지어 서해의 미세 먼지도 중국에서 날아온 것이 아닐 수도 있습니다. 중국의 베이징이나 톈진 같은 도시에서 푸른 하늘을 볼 수 있을 정도로 공기가 맑은 날이 계속되는데도 한국의 미세 먼지 농도가 높을 때도 있습니다. 심지어 이럴 때도 서해 상공에서는 상당히 높은 농도로 미세 먼지가 측정됩니다. 도대체 어찌 된 영문일까요?

바로 종잡을 수 없는 대기의 흐름에 답이 있습니다. 한반도 대기의 큰 흐름은 서쪽에서 동쪽으로 부는 편서풍입니다. 하지만 한반도 안에서는 그 편서풍 외에도 수많은 대기의 흐름이 시간과 장소에 따라 다양하게 존재합니다. 중국에서 한반도로 부는 편서풍이 지배적일 때도 있지만, 보통은 동서남북 사방으로 종횡무진 대기의 흐름이 바뀝니다.

과학자 다수가 공장 굴뚝이나 자동차 하나 없는 서해 상공, 남해의 외딴섬, 강원도 청정 지역의 미세 먼지를 중국에서 날아온 것이라고 단정 짓지 못하는 것도 이 때문입니다. 때로는 충남 화력발전소 굴뚝에서 나온 미세 먼지가 북쪽으로 확산하면서 수도권뿐만 아니라 서해 상공이나 강원도로 가기도 합니다.

1월 미세 먼지, 국내산이 더 많았다

최근에 나온 연구 결과는 더욱더 의미심장합니다. 2018년 1월 16일부터 18일까지 수도권에는 미세 먼지가 심각했습니다. 국립환경과학원의 조사 결과를 보면, 16일부터 18일까지 3일 동안 국외(중국) 영향이 우세한 날은 하루도 없었습니다. 15일은 국외 영향이 우세했지만, 16일과 17일은 오히려 국내 영향이 우세했지요.

서울시 보건환경연구원의 분석 결과도 대동소이합니다. 1월 16일부터 18일까지 미세 먼지의 주요 성분을 분석했더니 질산염은 평소보다 10배 이상 증가했고, 황산염은 3.6배 증가했습니다. 질산염은 자동차, 난방 등의 연소 과정에서 발생한 질소 산화물이 공기 중에 반응해서 생성되는 것으로 주로 국내산이 대부분이고, 황산염은 중국에서 날아온 것입니다.

중국에서 미세 먼지(황산염)가 일부 날아온 것은 사실이지만 그보다 훨씬 많은 국내산 미세 먼지(질산염)가 발생했고, 그 결과 2018년 1월 16일부터 18일까지 심한 미세 먼지를 유발한 거예요. 특히 보건환경연구원은 질산염이 포함된 미세 먼지의 상당수가 자동차에서 나왔으리라고 의심합니다.

보건환경연구원의 분석을 보면 눈에 띄는 단어가 있습니다. 바로 '대기 정체'입니다. 1월 16일부터 18일까지를 포함해서 미세 먼지가 심한 날은 예외 없이 대기 정체 현상이 있었습니다. 즉 여러 이유로 공기가 같은 곳에 머물러서 움직이지 않는다는 것입니다. 이렇게 대기 정체가 심한 날은 당연히 미세 먼지 같은 오염 물질도 쌓이기만 하고 흩어지지 않습니다.

북극 지역의 찬 공기가 강한 북서풍을 타고 한반도를 덮칠 때, 미세 먼지 없는 맑은 날이 계속되는 이유도 이 때문입니다. 바람이 세서 미세 먼지 같은 오염 물질이 특정 지역에 머물러 있을 수 없기 때문이지요. 미세 먼지 오염에 어떻게 대응할지 고민할 때, 대기 정체 문제에 관심을 가져야 하는 이유가 여기에 있습니다.

서해안 발전소 굴뚝에서 나온 미세 먼지가 서울 도심에 머물러 있는 상황에서 수많은 자동차 배기가스 오염 물질까지 겹친다고 생각해 보세요. 여기에 중국에서 날아온 미세 먼지까지 더하면 최악의 상황이 발생합니다. 실제로 미세 먼지가 심한 날은 대부분 이런 경우가 많습니다.

미세 먼지, 우리 힘으로 줄일 수 있다

이제 생각을 정리할 때입니다. 만약 미세 먼지가 대부분 중국에서 날아온 것이라면 정말로 큰일입니다. 우리에게는 선택지가 없습니다. 속도가 둔해지긴 했지만 여전히 산업화가 한창인 중국의 공장이나 발전소는 늘면 늘었지, 줄지 않을 거예요. 자동차 대수도 계속해서 늘 테고요. 그렇다면 우리는 숨 쉬기도 곤란한 특수 마스크를 사시사철 착용하며 아프지 않기만 바라야 합니다.

정부를 상대로 '중국에 할 말은 하라'고 다그쳐 보자고요? 만약 일본이 한국의 미세 먼지 때문에 못 살겠으니 공장 가동을 멈추고, 자동차를 줄이라고 요구한다면 우리는 이를 수용할까요? 중국과 한국의 국력 차를 염두에 두지 않더라도 이런 요구에는 한계가 있습니다. 역설이지요. 미세 먼지가 중국 탓이라고 하면 당장 속은 시원하지만, 정작 우리가 할 수 있는 일은 거의 없습니다.

사실 이런 상황을 가장 즐기는 쪽은 한국 정부와 기업입니다. 미세 먼지가 심할 때마다 정부는 '중국 탓'이라고 흘려 주고, 언론은 신나게 받아쓰고, 대중은 중국만 욕합니다. 공기청정기부터 특수 마스크까지 미세 먼지 특수를 누리는 기업은 더러워진 공기 탓에 기대하지 않았던 이윤이 생기니 좋습니다. 결국 병들어 가는 것은 우리, 특히 다음 세대뿐이지요.

더욱더 기가 막힌 일은 우리가 이렇게 중국 탓을 할 때, 베이징이나 톈진 같은 중국 도시의 공기는 계속해서 좋아지고 있다는 거예요. 베이징, 톈진을 포함한 74개 주요 도시의 2016년 미세 먼지 연평균 농도는 $50\mu g/m^3$으로, 중국 정부의 대기오염 대응이 시작된 2013년의 $72\mu g/m^3$에 비해서 31% 감소했습니다.

이제 진실을 직시할 때입니다. 앞서 살펴봤듯이 미세 먼지의 상당수는 중국뿐만 아니라 우리가 만들어 낸 오염 물질입니다. 중국보다 국내에서 나오는 미세 먼지가 훨씬 더 많다는 정황증거도 계속해서 쌓이고 있어요. 더 이상 '미세 먼지는 중국산'이라는 주문을 외면서 욕만 하기에는 상황이 너무나 다급합니다.

마침 미세 먼지가 심한 날에 차량 2부제를 강제로 시행하는 방안을 논의 중입니다. 저는 이런 정책을 일종의 '사회 실험'이라고 생각합니다. 눈 딱 감고, 몇 번 불편해 보면 어떨까요? 도로를 운행하는 자동차가 반으로 줄었는데도 미세 먼지 농도에 별반 차이가 없으면 정말 중국산 미세 먼지가 원흉입니다. 하지만 만에 하나 효과가 있다면, 우리 힘으로 맑은 공기를 되찾을 수 있습니다.

📖 확장해서 읽기

◎ 먼지를 둘러싼 흥미진진한 과학 이야기에 관심이 있다면
　　☞ 한나 홈스, 이경아 옮김, 『먼지』(지호, 2007)

◎ 미세 먼지와 대기오염의 이모저모를 더 알고 싶다면
　　☞ 남준희·김민재, 『굿바이! 미세 먼지』(한티재, 2017)

누가 도시를
구할 것인가

> ❝
> 도시는 환경 파괴적이고,
> 시골은 친환경적이다?
> ❞

자연으로 떠나고 싶어 하는 도시인들

서울올림픽이 열린 1988년에 크게 유행한 노래가 한 곡 있습니다. 가수 변진섭이 부른 〈새들처럼〉입니다. 노래에서 보여 주고 있는 도시의 모습은 숨이 막힐 만큼 답답합니다. 도로를 질주하는 자동차, 회색빛 빌딩, 무거운 하늘, 희뿌연 연기 사이로 보이는 아스팔트…. 우리가 생각하는 전형적인 도시의 모습이지요. 그 안을 쳇바

퀴처럼 맴돌며 살아가는 한 도시인이 거리를 헤매다가 하늘을 올려다봅니다. 마침 파란 하늘 아래서 자유롭게 날아다니는 새가 눈에 들어오지요. 그는 "나도 따라 날아가고 싶"다고 도시 한복판에서 힘껏 외칩니다.

30년이 지난 노래지만 도시에 사는 이라면 누구나 공감할 법한 가사입니다. 정말 노랫말대로 "날아가는 새들 바라보며 나도 따라 날아가고" 싶은 마음이 간절합니다. 그래서일까요? 한여름 휴가철만 되면 도시를 떠나서 산으로 바다로 향하는 이들이 한둘이 아닙니다. 오죽하면 시내가 한산해져서 항상 막히던 도로가 뚫리는 일까지 생길까요?

이렇게 우리는 북적대는 도시에 모여 살면서도, 언제나 기회만 닿으면 그곳을 탈출할 궁리를 합니다. 미국의 교외나 우리나라 수도권의 신도시에서 한때 유행한 전원주택은 그런 욕망을 그대로 구현한 것이지요. 낮에는 어쩔 수 없이 일터가 있는 도시에서 일하더라도, 퇴근 후나 주말에는 숲, 들, 강과 조금이라도 가까운 곳에서 쉬고 싶은 겁니다.

그런데 과연 이런 방법밖에 없을까요? 전 세계인의 절반 이상이 도시에 살고 있는 상황에서, 도시 문명 자체에 좀 더 자연의 숨결을 불어넣을 수는 없을까요? 오늘의 고민은 바로 이 질문에서 시작합니다.

도시가 시골보다 환경친화적이다?

먼저 한 가지 통념부터 깨고 시작합시다. 우리는 은연중에 도시는 '환경 파괴', 시골은 '환경 보존' 같은 이분법에 빠져 있습니다. 하지만 가만히 따져 보면 진실은 정반대입니다. 하버드대학의 경제학 교수 에드워드 글레이저Edward Glaeser 는 『도시의 승리』라는 책에서 "오히려 도시가 훨씬 더 환경친화적"이라고 주장합니다.

무슨 말도 안 되는 소리냐고요? 진정하고 우선 얘기부터 들어 보세요. 예를 들어 여기 400명이 살아가는 마을을 만들어야 한다고 합시다. 도시라면 한 층에 네 채가 들어가는 25층짜리 아파트를 지을 경우, 건물 하나만 올려도 가구당 4인 기준으로 100가구(400명)가 들어갈 수 있습니다. 그런데 시골에서는 4인이 들어갈 집 100채를 따로따로 지어야 합니다. 당연히 훨씬 더 많은 논밭이 집터로 파괴되어야 합니다.

도로, 주차장, 전력망, 상하수도 등까지 염두에 두면 상황은 더욱더 극과 극이 됩니다. 아파트 한 채에 400명이 모여 사는 도시와 집 100채가 필요한 시골을 비교해 보세요. 당연히 필요한 인프라스트럭처(infrastructure)*의 양이 도시보다 시골이 훨씬 더 많습니다. 토지의 비효율, 자원의 낭비도 덩달아 시골이 더 심할 수밖에 없고요.

모두가 선망하는 교외 전원주택의 폐해는 더욱더 심합니다. 이런

---

* 생산이나 생활의 기반을 형성하는 중요한 구조물. 도로, 항만, 철도, 발전소, 통신 시설 따위의 산업 기반과 학교, 병원, 상수·하수 처리 따위의 생활 기반이 있다.

전원주택에 거주하는 이들은 아침저녁으로 한 시간 이상의 장거리를 자동차로 이동해서 도심의 직장으로 출퇴근합니다. 이렇게 자동차로 이동하는 과정에서 소비하는 화석연료(석유)와 그 과정에서 나오는 미세 먼지, 온실가스 같은 오염 물질은 얼마나 많은가요?

글레이저는 이런 사정을 염두에 두고, 가능한 한 많은 사람이 도시에 모여 사는 것이야말로 자연환경 파괴를 줄이는 일이라고 목소리를 높입니다. 아직도 선뜻 고개가 끄덕여지지 않는다고요? 그렇다면 다음과 같은 비전은 어떤가요? 건축가 황두진은 지금의 세종시를 계획하는 과정에서 혁신적인 안을 내놓아 세상을 놀라게 했습니다.

그의 세종시 상상도를 보면 입이 딱 벌어집니다. 마치 SF 영화에서나 봄직한 초고밀도의 고층 빌딩이 밀집해 있기 때문입니다. 그 고층 빌딩 안에 공무원이 일하는 정부 청사, 공무원과 가족이 거주하는 집, 학교, 병원, 마트 같은 편의 시설 등이 모조리 모여 있습니다. 그리고 멀리 보이는 그 고층 빌딩을 배경으로 농민이 농사를 짓고 있습니다.

그러니까 초고밀도의 고층 빌딩을 지어 세종시 건설 면적을 최소화해서 논밭, 산, 들 등과 같은 자연환경의 파괴를 줄이자는 발상입니다. 고밀도의 고층 빌딩과 개발 과정에서 파괴되지 않은 논밭의 농업을 동시에 지키는 통념을 깨는 아이디어였지요. 당연히 이런 그의 아이디어는 채택되지 못했습니다.

그 결과는 어땠을까요? 지금 세종시에 가 보면 비슷한 모양의 저층(4~7층) 청사가 넓게 자리를 차지하고 있고, 그 주위를 온갖 건설 업체에서 지은 아파트와 각종 편의 시설이 둘러싸고 있습니다. 이같은 아이디어를 낸 측은 자연 친화적인 도시의 모습을 염두에 둔 것이라고 합니다. 행정 타운이 세종시의 자연환경과 위화감 없이 자연스럽게 어우러지게 하려는 취지에서 저층의 청사 건물들이 서로 연결되도록 도시를 설계했다는 것이지요. 하지만 단순히 겉보기에 주변 경관과 조화를 이룬다고 해서 그 도시가 친환경적이라고 할 수는 없습니다. 행정 타운이 들어서고 그 주변으로 편의 시설이 하나둘 확충되는 과정에서 예전에 그곳의 논밭에서 농사짓던 농민은 삶의 터전을 잃고서 밀려날 수밖에 없었거든요. 당연히 산과 들에서 서식하던 온갖 동식물도 사라질 수밖에 없었을 테고요.

도시가 품은 자연, 공중 정원

이제 글레이저나 황두진의 의도가 무엇인지 알았을 거예요. 하지만 고개를 끄덕이는 이들도 선뜻 지금 도시의 모습을 긍정하지는 못할 것입니다. 많은 사람이 도시에 모여 살면서 생기는 부작용이 만만치 않기 때문입니다. 우선 도시는 그 자체로 미세 먼지, 온실가스 같은 수많은 오염 물질의 배출지입니다. 그런 오염 물질을 배출하면서 낭비하는 에너지의 양도 엄청나지요.

가장 큰 문제는 바로 도시에 사는 사람입니다. 앞에서 언급한 〈새들처럼〉의 노래 가사와 같이 너도나도 떠나기를 원하는 도시는 결코 행복한 장소가 아닙니다. 실제로 시끄럽고, 복잡하고, 심지어 심각한 오염 물질 범벅인 도시를 사랑하기는 쉬운 일이 아니지요. 잊을 만하면 등장하는 대도시의 끔찍한 테러까지 염두에 두면 더욱 더 그렇고요.

그렇다면 어디서부터 시작해야 할까요? 흥미롭게도 바로 이런 고민을 가지고 도시를 떠나기보다는 그곳에 자연의 숨결을 불어넣으려는 색다른 시도가 세계 곳곳에서 진행 중입니다. 예를 한번 들어 볼까요? 제일 먼저 가 봐야 할 곳은 미국 뉴욕 맨해튼 웨스트사이드의 '하이라인(High Line)'입니다.

애초 허드슨강 위의 녹슨 흉물이던 오래된 고가 화물차로가 도시와 전원을 잇는 고가 산책로로 변신했어요. 들꽃과 시민이 가꾸는 이런저런 식물이 어울리고, 그곳에 새들이 둥지를 트는 이곳은 뉴욕 시민이 가장 자주 찾는 산책로가 됐지요. 하이라인은 이제 세계에서 가장 유명한 공중 정원 가운데 하나입니다.

서울에 사는 이들 가운데는 '앗' 하면서 탄성을 지를지도 모르겠어요. 박원순 서울시장이 의욕적으로 추진한 '서울로7017'이 바로 이 뉴욕의 하이라인을 모델로 한 것입니다. 서울로7017 역시 서울역 옆의 낡은 고가도로를 2만 4,000여 그루의 꽃과 나무가 어우러지는 공중 정원으로 바꾸는 프로젝트였지요.

이뿐만이 아닙니다. 프랑스 파리에 갈 일이 있다면 2006년 개관해 파리 명소가 된 '케브랑리 박물관(Quai Branly Museum)'을 꼭 방문해야 합니다. 면적이 1,200m²에 달하는 이 건물의 전면은 말 그대로 '수직 정원'입니다. 벽면에 파리 기후에서 계절마다 생존할 수 있는 다양한 식물을 심어 놓았어요.

높이 12m, 폭 198m의 이 수직 정원은 창이 있는 부분을 제외하고는 철따라 나무, 풀, 꽃으로 우거집니다. 새가 둥지를 틀고, 나비와 벌새가 날아다니는 이 건물을 한번 보면 누구나 매력에 빠질 수밖에 없어요. 도시 한가운데 우뚝 서 있는 수직 정원이 24시간 내내 공급하는 신선한 산소는 덤입니다.

이스라엘의 휴양 도시 에일라트 해변에 있는 레스토랑 '레드시스타(Red Sea Star)'도 한 번쯤 꼭 가 봐야 할 곳입니다. 이 레스토랑은 수면 아래 5m에 있어요. 손님은 레스토랑 주변의 산호초를 누비는 해양 생물을 보면서 요리를 즐길 수 있습니다. 바닷속에서의 만찬! 듣기만 해도 설레지요? 산호초 사이에 수중 레스토랑을 만들어 놓은 것이야말로 환경 파괴 아니냐고요?

사실은 정반대입니다. 이 레스토랑은 산호초 복원 과정에서 만들어졌어요. 도시가 배출한 오염 물질 때문에 산호초가 파괴된 곳에 강철 구조물을 담그고, 그 위에 산호 군락을 이식했어요. 그렇게 구조물에 복원된 산호초가 다른 해양 생물을 모으면서 자연스럽게 해양 생태계가 조성됐지요. 이런 노력 덕분에 이 레스토랑을 찾은 손님은 산호초 생태계를 조망하면서 한 끼를 먹는 호사를 누릴 수 있게 되었고요.

'무지개떡 건축'은 도시를 어떻게 바꿀까

앞에서 언급한 건축가 황두진의 새로운 도전도 눈여겨볼 만합니다. 비록 세종시를 전혀 다른 개념의 도시로 설계하는 데는 실패했지만, 그는 '무지개떡 건축'을 통해서 서울을 비롯한 전국의 도시 곳곳을 바꾸고 있습니다. 무지개떡? 맞습니다. 층층마다 하양, 분홍, 녹색 등의 색깔이 입혀져 있는 바로 그 떡입니다.

무지개떡을 닮은 건축은 도대체 뭘까요? 무지개떡 건축을 설명하기 전에, '시루떡 건축'부터 살펴보겠습니다. 시루떡 하면 똑같은 떡을 층층이 쌓아 놓은 모습이 떠오르지요? 시루떡 건축도 마찬가지입니다. 주거면 주거, 업무면 업무, 상업은 상업. 이렇게 한 가지 용도로 건물 전체를 지은 것이 바로 시루떡 건축입니다.

무지개떡 건축은 시루떡 건축의 반대입니다. 1층에는 카페, 2·3층에는 사무실, 4층에는 살림집이 있고, 옥상에는 정원이 있는 건물. 바로 이런 건물이 무지개떡 건축입니다. 여기까지 설명을 들은 많은 이들이 1990년대부터 본격적으로 등장한 초고층 주상복합건물을 떠올릴지도 모르겠습니다. 하지만 이는 엄밀히 말하면 무지개떡 건축이라고 하기 힘듭니다. 말로는 '복합' 건물이라고 주장하지만 대부분 주거 용도이고, 저층에 상업 시설 일부가 들어가 있는 정도에 불과하니까요. 이들 초고층 주상복합건물은 상업 주택 지역에 고급 아파트를 짓기 위한 일종의 부동산 상품에 불과한 것이지요.

황두진이 주거와 다른 용도가 섞인 건축을 '복합 건축'이라고 부르지 않고 굳이 '무지개떡 건축'이라고 부르는 것도 이 때문입니다. '복합 건축'이라고 부르면 제일 먼저 주상복합건물을 떠올릴 텐데, 그것은 온전한 의미의 무지개떡 건축이라고 부를 수 없으니까요.

무지개떡 건축의 가장 큰 특징은 주거와 업무, 상업 용도가 조화롭게 공존한다는 것입니다. 그래서 무지개떡 건축이 도시 곳곳에 들어서면 이런 일이 가능해집니다. 아침에는 2층의 사무실로 출근합니다. 그리고 점심시간에는 1층의 카페에서 커피를 한잔 마시면서 동료와 수다를 떨지요. 퇴근하면 곧바로 4층의 집으로 올라갑니다. 저녁에는 옥상에 꾸며진 정원에서 밤하늘을 보면서 쉴 수도 있고, 주말에는 옥상 한곳의 텃밭에서 농사를 지을 수도 있겠지요.

잿빛으로 방치되어 있거나, 녹색 방수 페인트로 칠해 놓은 서울 건물의 옥상이 이렇게 정원이나 텃밭으로 바뀌면 그 자체로 앞에서 살펴본 도시에 자연의 숨결을 불어넣는 시도가 될 거예요. 그곳에서 나오는 산소는 말 그대로 도시의 공기를 정화하지요. 욕심을 내보자면, 옥상 한쪽의 햇빛 혹은 비 가리개 위에다 태양광 발전기를 설치하면 에너지를 생산할 수도 있고요. 어떤가요, 도시 생활도 전원생활 못지않게 친환경적일 수 있겠지요? 황두진은 시루떡 건축의 대명사인 아파트와 (앞에서 설명했듯이 결코 대안이 될 수 없는) 교외 전원주택 사이의 절충안이 바로 무지개떡 건축이 될 수 있다고 주장합니다.

'노을공원', '하늘공원' … 그다음은?

이 글을 마무리하는 곳은 서울 월드컵경기장 근처의 상암동입니다. 상암동 근처에도 도심에서는 볼 수 없는 녹지대가 있습니다. 〈새들처럼〉 같은 노래가 불리던 1988년에는 이곳에 하늘공원, 노을공원 같은 낭만적인 이름이 붙은, 나무가 빽빽이 들어선 공원이 생기리라고는 상상조차 할 수 없었습니다.

당시만 하더라도 이곳에는 산업화 과정에서 서울시가 배출한 쓰레기가 잔뜩 쌓여 있었기 때문입니다. 그런데 바로 그런 오물을 흙으로 덮고, 인공 동산과 정원을 만든 곳이 바로 하늘공원, 노을공원입니다. 비록 땅 밑에서는 끊임없이 썩은 물과 메탄가스가 나오고 있지만, 이곳은 세상이 깜짝 놀랄 발상의 전환으로 도시에 신선한 숨결을 불어넣고 있지요.

이 글을 읽는 이들이 앞으로 해야 할 중요한 일이 어쩌면 바로 이것입니다. 현재 인류 대다수가 모여 살고 있으며, 앞으로도 여전히 인류의 주요한 터전이 될 도시를 변화시키는 일. 또 어떤 기적 같은 일이 도시를 바꿀지 기대됩니다. 그런 시도가 성공한다면 사람뿐만 아니라 새들도 도시를 찾을지 모릅니다. 그때가 되면 〈새들처럼〉 같은 노래는 정말로 흘러간 옛 노래가 되겠지요.

〰️ 겹쳐 읽기

41쪽 〈2040년, 지방 도시가 사라진다〉에서는 저출산, 고령화, 저성장의 흐름 속에서 위기에 처한 지방 도시를 살릴 수 있는 대안으로 '압축 도시'를 제안합니다. 좁은 공간을 고밀도로 개발하는 압축 도시의 철학과 직장·주거를 같은 공간에 두는 무지개떡 건축의 철학은 서로 통합니다.

〰️ 확장해서 읽기

◎ 도시는 반(反)환경적이라는 편견에서 벗어나, 도시의 가능성과 가치에 대해 살펴보고 싶다면

　☞ 에드워드 글레이저, 이진원 옮김, 『도시의 승리』(해냄, 2011)

◎ 회색 도시의 대안으로 거론된 '무지개떡 건축'을 통해 삶의 질을 높이는 주거 형태가 무엇인지 고민하고 싶다면

　☞ 황두진, 『무지개떡 건축』(메디치미디어, 2015)

◎ 도시를 바꾸는 색다른 실험을 살펴보려면

　☞ 박용남, 『도시의 로빈후드』(서해문집, 2014)

머리 잘린 '라이언 킹', 세실의 비극

> ""
> 맹수와 인간이
> 공존할 방법은 없을까?
> ""

라이언 킹의 죽음

아프리카의 남쪽 끝에는 남아프리카공화국이 있습니다. 그리고 남아프리카공화국 동북쪽에 짐바브웨라는 나라가 있습니다. 세계 무대에서 존재감이 미미한 터라 우리에게는 낯선 이름의 나라지요. 2015년 7월 1일, 이 짐바브웨는 순식간에 전 세계인이 주목하는 나라가 되었어요. 바로 이곳에서 살던 사자 '세실(Cecil)' 때문이었습니다.

짐바브웨에는 아프리카 초원에서 사자, 코끼리, 얼룩말, 기린 등이 마음껏 노닐도록 마련해 놓은 거대한 황게국립공원이 있습니다. 수사자 세실은 이곳의 '라이언 킹'이었지요. 그는 위엄 있는 모습으로 자신의 사자 식구를 거느렸을 뿐만 아니라, 사파리 투어를 하는 관광객에게도 품위 있는 모습을 보였습니다.

그는 또한 영국 옥스퍼드대학에서 진행하던 '황게 사자 연구 프로젝트'의 핵심 대상이기도 했어요. 2015년에 열세 살이던 세실은 짐바브웨뿐만 아니라 동물 보호에 관심이 있는 전 세계인의 슈퍼스타였지요. 그런데 2015년 7월 1일, 비극적인 일이 일어났습니다. 세실이 머리가 잘린 채 발견된 것입니다.

세실의 충격적인 죽음은 곧바로 소셜 미디어를 통해서 전 세계로 퍼져 나갔습니다. 짐바브웨 사람들뿐만 아니라 전 세계 곳곳에서 이 비참한 죽음의 진실을 밝히라는 분노의 목소리가 터져 나왔죠. 그러고 나서 곧 범인이 밝혀졌습니다. 바로 미국 미네소타주의 치과 의사 월터 파머Walter Palmer였어요. 도대체 세실한테 무슨 일이 있었던 걸까요?

수사자가 사라지면 비극이 시작된다

7월 1일의 비극을 확인하기 전에 세실에 대해서 좀 더 알아보지요. 사자 가족을 부르는 명칭은 '프라이드(pride)'입니다. 세실의 가족, 즉 '세실 프라이드'는 수컷 우두머리 한 마리와 다수의 암컷과 새끼로 구성되어 있었습니다. 사자 가족은 사람으로 따지면 일부다처제로 이루어진 셈이지요. 세실은 일고여덟 마리의 암컷과 열네 마리 이상의 새끼를 거느린 수사자였습니다.

황게국립공원은 세실 같은 수사자 열 마리가 영역을 나눠서 지배합니다. 세실은 그 가운데서도 가장 세력이 큰 수사자 가운데 한 마리였습니다. 세실은 똑똑하기까지 해서 또 다른 수사자 제리코와 연합해 호시탐탐 자신의 영역을 노리는 다른 수사자의 도전을 견제했습니다. 물론 제리코는 자신만의 프라이드를 유지하면서 이 연합의 이점을 누렸고요.

수사자를 중심으로 한 프라이드가 변동 없이 유지되는 일은 아주 중요해요. 수사자 한 마리가 병들거나, 다치거나, 죽는다면 여러 문제가 꼬리에 꼬리를 물고 나타납니다. 다른 수사자들은 힘이 약해지거나 죽어서 없어진 수사자의 자리를 노립니다. 일단 자신의 영역을 확보한 수사자는 애초 그곳을 지배하던 수사자의 프라이드를 파괴합니다.

이 새로운 지배자가 가장 먼저 응징하는 대상은 바로 앞선 수사자의 새끼입니다. 새로운 수사자는 새끼 사자를 찾아내 죽여요. 그래야 그 새끼의 어미인 암사자에게 발정기가 빨리 와서 자신의 새끼를 낳을 수 있으니까요. 암수가 교미를 하고, 암사자가 새끼를 낳아 그 새끼가 무리를 떠나는 데 고작 몇 년밖에 걸리지 않다 보니 생기는 일입니다.

이 과정에서 새로운 지배자에게 자신의 새끼를 잃을 처지가 된 암컷은 두 가지 선택의 기로에 놓입니다. 하나는 순순히 달라진 상황을 받아들이고 (심지어 새끼의 죽음도 감수하고) 새로운 수사자에게 자신의 삶을 의탁하는 것입니다. 그럼 이 암사자는 곧바로 새로운 수사자와 교미를 하고 또다시 새끼를 낳겠지요.

하지만 이런 과정이 항상 새로운 지배자의 뜻대로 되는 것은 아닙니다. 새끼에게 강한 애착을 보이는 일부 암사자는 완강하게 저항합니다. 때로는 수사자와의 가망 없는 싸움도 마다하지 않아요. 이 과정에서 결국 암사자와 새끼는 목숨을 잃거나, 새로운 사자의 힘이 미치지 않는 곳으로 쫓겨납니다. 떠돌이 사자가 되는 셈이지요.

사자 사회가 참 비정하다고 혀를 찰 일이 아닙니다. 역사의 여러 사례를 살펴보면, 한 나라가 다른 나라를 정복하거나 혹은 왕위를 놓고서 싸우는 도중에 인간은 훨씬 더 잔인하게 행동했어요. 차라리 자신의 새끼를 좀 더 많이 낳고자 본능을 따르는 사자가 더 나아 보이기도 합니다.

인간 생태계 vs. 사자 생태계

이 대목에서 사자와 인간 생태계의 불협화음이 생기기 시작합니다. 먼저 사실부터 하나 확인하고 넘어가지요. 통념과 달리, 사자 같은 야생동물이 사람을 공격하거나 소, 양, 돼지 같은 가축을 습격하는 일은 드뭅니다. 왜냐하면 애초부터 사자 등의 야생동물은 사람이나 소, 양, 돼지가 아니라 얼룩말, 코끼리, 기린 등과 같은 초원의 다른 동물을 공격하고 먹어 왔으니까요.

마치 인간이 한 번도 먹어 본 적이 없는 고기를 외면하는 것처럼, 사자도 보통 때는 사람은 물론이고 소, 양, 돼지 같은 가축을 거들떠보지 않아요. ('저런 걸 어떻게 먹어!') 그런데 가끔 사자 가운데 오랫동안 배를 곯는 경우가 있습니다. 배가 너무 고픈데 그 앞에 소, 양, 돼지가 얼쩡거린다면 어떻게 할까요? 당연히 그 고기에 눈독을 들이겠지요.

앞서 수사자의 프라이드가 와해되면 떠돌이 사자가 생긴다고 말했지요? 떠돌이 사자는 도전자의 공격을 견디지 못하고 쫓겨난 수사자일 수도 있고, 새로운 수사자로부터 새끼를 보호하고자 무리를 떠난 암사자 가족일 수도 있습니다. 때로는 나이가 차서 무리를 떠나야만 하는 아직 힘이 약한 수사자일 수도 있고요.

이런 떠돌이 사자는 황게국립공원을 지배하는 수사자의 힘이 닿지 않는 먼 곳까지 밀려납니다. 배도 많이 곯은 상태지요. 그리고 그곳은 대개 국립공원 경계 인근의 마을입니다. 배고픈 사자는 이곳에서 손쉬운 먹을거리인 소, 양, 돼지의 맛을 보고서 아예 자리를 잡습니다. 그 결과는 파국입니다. 사자에게 피해를 입은 마을 주민이 가만히 있지 않을 테니까요.

더구나 국립공원 근처에서 소, 양, 돼지를 기르는 주민의 다수는 애초 황게국립공원 안에서 오랫동안 터를 잡고 살던 이들이었습니다. 그들에겐 뜬금없이 '사람 없는 국립공원'을 만들겠다는 정부에 의해 강제로 자기 삶의 터전에서 쫓겨난 아픈 기억이 있습니다. 당연히 사자를 비롯한 야생동물에게 좋은 감정이 있을 리 없지요.

그런데 그런 사자가 이제 자신의 가축을 공격하고, 심지어 주민을 위협한다면 어떻게 대응하겠어요? 결과는 말 그대로 '죽음의 응징'입니다. 주민은 총을 비롯한 여러 수단을 동원해서 사자를 죽일 거예요. 인간과 사자의 갈등은 결국 한쪽의 죽음으로 끝납니다. 그리고 그렇게 죽는 쪽은 대부분 사자입니다.

황게국립공원에서 오랫동안 사자를 연구해 온 브렌트 스타펠캄프Brent Stapelkamp는 『세실의 전설』에서 이렇게 사자 생태계와 인간 생태계가 불협화음을 일으키는 과정을 생생하게 묘사합니다. 2015년 7월 1일에 있었던 세실의 비극적인 죽음 뒤에는 이 불협화음을 극대화하는 추악한 진실이 숨어 있었습니다.

트로피 사냥의 희생양이 된 라이언 킹

미국에서 치과를 운영하던 월터 파머는 약 5만 달러(약 5,500만 원)를 내면 아프리카 짐바브웨에 가서 수사자를 직접 사냥하고, 그 사자 머리를 기념품으로 가져올 수 있다는 광고에 마음이 동했습니다. 그는 이 특별한 경험과 설레는 기념품에 기꺼이 거금을 지불하기로 결정했지요. 그리고 2015년 7월 1일, 코끼리 사체로 유인한 세실을 향해 석궁을 겨눴습니다. (총 대신 석궁 말입니다! 석궁에 맞은 사자는 즉시 목숨을 잃지 않고 고통스러워하면서 서서히 죽습니다. 잔인한 사냥꾼은 그렇게 서서히 고통을 느끼며 죽는 사자를 보면서 희열을 느끼지요.)

처음 파머의 화살을 한 대 맞은 세실은 곧바로 숨이 끊어지지 않았습니다. 사냥꾼 일행은 핏자국을 따라가서, 고통스럽게 죽어 가던 세실에게 다시 한 번 석궁을 쐈습니다. 아프리카 초원을 호령하던 라이언 킹이 세상을 뜨는 순간이었지요. 그러고 나서 그들은 기념품으로 만들고자 세실의 머리를 잘랐습니다. (바로 이때 세실의 목에서 GPS 목걸이가 발견되었어요. 세실은 연구 대상 사자였으니까요.)

깜짝 놀란 파머는 황급히 짐바브웨를 떠났고, 그를 안내한 사냥 가이드 등이 뒷수습을 했습니다. 나중에 세실의 죽음을 놓고서 짐바브웨뿐만 아니라 전 세계가 분노하자 사냥 가이드 등이 짐바브웨 법정에 서게 되었지만 이들에게는 무죄가 선고되었습니다. 당연히 미국으로 도망간 파머도 아무런 법적 책임을 지지 않았고요. 도대체 무슨 일이 일어난 걸까요?

사실 짐바브웨에서 사자 사냥은 '합법'입니다. 단, 한 해에 죽일 수 있는 사자 수가 정해져 있고, 국립공원 안에서 사냥을 하지 못한다는 제약만 있을 뿐이지요. 파머의 사냥 가이드는 국립공원 경계 밖으로 세실을 유인했습니다. 또 그는 파머의 사냥이 허락을 받은 합법적인 일이라고 강변했어요. 결국 법정도 그런 주장을 받아들였고요.

이제 진짜 추악한 진실을 말할 때입니다. 짐바브웨는 정부 차원에서 이른바 '트로피 사냥(trophy hunting)'을 권장합니다. 맞습니다. 여기서 '트로피'는 세실 같은 사자나 기린 등의 머리를 잘라서 박제로 만들어 벽에 걸어 놓는 기념품을 지칭합니다. 그런 목적의 사냥을 짐바브웨 정부는 관광 외화벌이의 수단으로 활용하고 있어요.

그러니까 국립공원 경계의 안쪽에서는 사자를 보호하고, 밖에서는 사자를 사냥하는 어처구니없는 상황이 벌어진 거예요. 노골적으로 말하면, 안쪽에서 사자를 보호하는 일은 바깥의 사냥 수요에 맞춰서 동물을 공급하는 수단이 아닐까 하는 의구심이 강하게 들 정도입니다. 1950년대엔 50만 마리에 달하던 아프리카의 사자가 현재 2만 마리 정도로 줄어든 상황이거든요. 인간의 무분별한 사냥과 서식지 파괴 문제가 적극적으로 해결되지 않는 한 국립공원에서의 보호 조치는 형식적이라는 인상을 지울 수 없지요.

세실이 죽기 직전까지 그를 관찰하고 연구한 스타펠캄프에 따르면, 이런 트로피 사냥은 사자 생태계와 인간 생태계의 불협화음을 자극합니다. 세실 같은 수사자 한 마리가 트로피 사냥으로 희생을 당하면 연쇄효과로 암사자와 새끼 사자 30마리가 희생을 당합니다. 그 가운데 일부는 주민에게 피해를 주고, 그 과정에서 인간과 사자의 관계도 험악해지고요.

인간과 사자, 행복한 공존이 가능할까

세실의 비극을 듣고서 인간과 동물 사이의 공생을 낙관하기란

힘듭니다. 그렇지만 스타펠캄프는 짐바브웨와는 다른, 케냐 암보셀리 지역의 사례를 소개하면서 희망을 말합니다. 그곳에서는 주민과 사자의 사이가 짐바브웨처럼 험악하지 않습니다. 이곳의 원주민과 사자는 말 그대로 같은 공간(초원)에서 공존합니다.

케냐 암보셀리의 원주민은 사자를 비롯한 야생동물을 보호한다는 명목으로 초원에서 쫓겨나지 않았습니다. 그들은 조상이 그랬듯이 초원에서 소를 치며 살아갑니다. 그리고 그 초원에서 사자는 얼룩말, 코끼리, 기린 등과 어울려 삽니다. 원주민과 사자 사이의 갈등은 효과적으로 관리됩니다.

원주민은 사자의 목에 걸린 GPS에서 나오는 정보를 실시간으로 확인하면서 소 떼와 사자가 만나지 않도록 주의를 기울입니다. 사자와 갈등이 없으니 사자를 응징할 일도 없습니다. 원주민과 사자가 공존하는 삶 속에서 짐바브웨처럼 트로피 사냥 같은 끔찍한 일이 만연할 가능성도 줄어듭니다.

어떤가요? 애초 국립공원에서 사자를 연구하던 스타펠캄프는 세실의 죽음 이후에 케냐 암보셀리의 방식을 짐바브웨에도 도입하는 실험을 진행 중입니다. 인간과 사자의 공존을 꿈꾸면서요. 세실의 비극 이후에 아프리카의 대형 육식동물을 보호하려는 전 세계의 관심이 이어지면서 이곳에서는 다양한 보호 방안을 모색하고 있습니다.

정말로 인간과 사자가 공존할 수 있을까요? 호랑이 같은 대형 육식동물이 자연에서 모조리 사라져 버린 한국에서는 그런 동물과의 공존을 꿈꾸는 일조차 가당치 않아 보이나요? 동물원의 사자에게서는 결코 느낄 수 없는, 무심한 듯 깊은 눈으로 사람을 응시하는 아프리카 초원의 왕 세실의 생전 모습이 왠지 가슴을 울립니다.

📖 겹쳐 읽기

279쪽 〈우리는 모두 사이보그다!〉에서는 인간과 동물, 자연과 문명, 자연과 인공 등 이분법 구도에 기반을 둔 통념이 어떻게 깨지고 있는지 확인할 수 있습니다. 이 같은 이분법 때문에 우리는 인간이 동물보다, 문명이 자연보다 뛰어나다고 생각해 온 것은 아닐까요.

📖 확장해서 읽기

◎ 트로피 사냥으로 희생당한 사자 세실의 이야기를 통해 인간과 동물의 진정한 공존이 무엇인지 고민하고 싶다면
　　☞ 브렌트 스타펠캄프, 남종영 옮김, 『세실의 전설』(사이언스북스, 2018)

◎ 복잡하게 얽혀 있는 생태계의 관계를 살피면서 사라지는 다양한 생명에 관심을 가져 보고 싶다면
　　☞ 윤신영, 『사라져 가는 것들의 안부를 묻다』(엠아이디, 2014)

오늘 점심은
메뚜기 파스타 어때요?

> ❝
> 징그러운 곤충을
> 어떻게 먹지?
> ❞

곤충이 미래의 식량 자원이라고?

몇 년 전에 나온 화제의 영화 가운데 봉준호 감독의 〈설국열차〉(2013)가 있습니다. 영화의 설정은 이렇지요. 지구온난화를 막으려고 대기 중에 뿌린 특별한 화학물질이 문제를 일으켜 지구의 기온이 급격히 떨어집니다. 살아남은 소수의 생존자는 꽁꽁 얼어 있는 지구를 하염없이 도는 '설국열차' 안에서 다시 밖으로 나갈 날만 기다릅니다.

이 영화가 화제가 된 이유는 독한 설정 때문이었어요. 설국열차의 칸은 탑승객의 신분에 따라 철저히 구분돼 있습니다. 앞쪽은 비싼 푯값을 내고 탑승한 부유한 승객들이 타고 있습니다. 열차의 끄트머리에는 표 없이 무단으로 탑승한 가난한 승객이 타고 있고요. 이들은 닭장 같은 좁은 공간에 갇혀서 절망의 나날을 보냅니다. (어쩌면 지금의 불평등한 세상을 비유한 것이지요.)

이 영화의 가장 충격적인 장면이 있습니다. 가난한 승객들은 양갱 같은 검은색의 단백질 바(bar)를 배급받아 하루하루 연명합니다. 나중에 이들이 반란을 일으켜 열차의 앞 칸으로 쳐들어가면서 그 단백질 바의 비밀이 밝혀지지요. 혹시 영화를 못 봤다면 놀라지 마세요! 그 단백질 바는 바로 열차에 무단 탑승한 바퀴벌레로 만든 것이었어요.

수많은 바퀴벌레가 기계에 갈려서 양갱 같은 단백질 바가 되는 장면은 상상만 해도 소름이 끼칩니다. 이처럼 바퀴벌레 같은 곤충을 먹는 일은 생각만으로도 혐오감이 듭니다. 그런데 말입니다, 깜짝 놀랄 만한 일이 있습니다. 〈설국열차〉가 나온 2013년, 유엔(UN) 식량농업기구(FAO)가 '곤충이 미래의 식량 자원'이라는 내용의 보고서를 펴낸 거예요.

곤충이 미래의 식량 자원이라니, 도대체 무슨 사정이 있기에 유엔이 나서서 '식용 곤충(edible insects)'을 홍보하고 나섰을까요?

유엔은 왜 '식용 곤충'에 주목하는가

우리나라에서도 농촌에서 어린 시절을 보낸 오십 대 이상의 세대에게 식용 곤충은 낯설지 않습니다. 그 세대라면 누구나 어렸을 때 들판에 지천으로 널려 있던 메뚜기를 잡아서 구워 먹어 본 경험이 있을 거예요. 최근에 식용 곤충을 가지고 이야기를 나눴던 한 육십 대 정치인도 곧바로 이렇게 말하더라고요. "제가 대학에 다니던 1970년대만 하더라도 맥주 안주로 메뚜기가 나왔어요."

그러니까 우리나라도 배가 고프던 그때 그 시절에는 메뚜기 같은 곤충을 식용으로 먹었던 것이지요. 실제로 지구상의 곤충 가운데 현재까지 먹어도 문제가 없다고 확인된 것은 약 1,900종이나 됩니다. 딱정벌레(31%), 나비의 애벌레(18%), 꿀벌·말벌·개미(14%), 메뚜기·귀뚜라미(13%) 등의 순이지요.

전 세계 20억 명이 전통적으로 이렇게 다양한 곤충을 먹어 왔어요. 특히 중국, 인도, 일본을 포함한 아시아와 중남미에 식용 곤충이 많습니다. 하지만 대부분의 서양 국가에서는 곤충을 먹는 일에 혐오감을 가지고 있지요. 세계의 식습관이 서양을 따라가면서 점점 더 곤충을 먹을거리로 섭취하는 문화도 사라지는 추세고요.

하지만 유엔은 다시 식용 곤충에 관심을 가져야 할 때라고 목소리를 높입니다. 가장 큰 이유는 '인구 증가' 때문입니다. 2050년이면 세계 인구는 90억 명에 이를 전망입니다(2018년 말 약 77억 명). 이렇게 늘어난 인구를 먹여 살리려면 지금보다 훨씬 더 많은 먹을거리

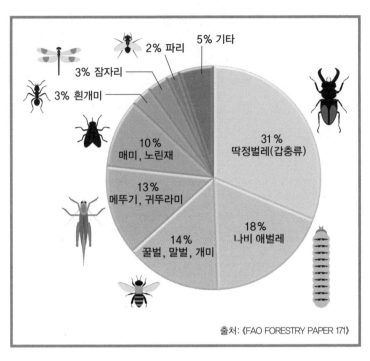

2% 파리

5% 기타

3% 잠자리

3% 흰개미

10 %
매미, 노린재

13 %
메뚜기, 귀뚜라미

14 %
꿀벌, 말벌, 개미

31 %
딱정벌레(갑충류)

18%
나비 애벌레

출처: 《FAO FORESTRY PAPER 171》

식용 가능한 곤충 1,900여 종의 식용 섭취 순위

가 필요합니다.

현재도 전 세계에서 10억 명에 가까운 인구가 만성적인 굶주림으로 고통받고 있어요. 이런 굶주림의 중요한 원인은 분명히 엉망진창으로 이뤄지는 먹을거리 분배입니다. 심지어 지금 전 세계 생산 곡물의 35%, 즉 3분의 1은 사람이 아니라 소, 돼지 등과 같은 가축 사료로 쓰이고 있습니다. 그렇게 길러진 동물은 부유한 국가의 사람뿐만 아니라 개, 고양이 같은 반려동물의 단백질 공급원이지요.

이런 불합리하고 불평등한 먹을거리 분배 방식은 반드시 바뀌어야 합니다. 동시에 지금 이 순간에도 아시아, 아프리카 등 세계의 가난한 지역에서 빠른 속도로 늘어나는 인구를 먹여 살릴 새로운 먹을거리를 찾는 일도 필요합니다. 유엔이 식용 곤충에 주목하게 된 것도 바로 이 때문입니다.

자세히 살펴볼수록 고개가 끄덕여지는 대목이 많아요. 인류에게 먹을거리를 공급하고자 지금과 같은 방식으로 벼(쌀), 밀, 옥수수 등을 단일 경작하고 또 소, 돼지, 닭 등을 키우려면 엄청난 규모의 땅뿐만 아니라 물, 비료, 사료 등 수많은 자원이 필요합니다. 이 과정에서 지구온난화를 초래하는 온실가스 등 수많은 오염 물질도 나오지요.

지구온난화 그 자체도 문제입니다. 인류의 활동으로 대기 중으로 나간 온실가스가 지금 이 순간에도 지구의 공기를 데우고 있어요. 지구온난화는 세계 곳곳에서 예상치 못한 기후 재앙으로 이어질 가능성이 큽니다. 활동 범위가 넓어지고 위력이 세진 태풍이나 허리케인, 잦아진 가뭄과 홍수가 그 증거지요. 이런 기후 재앙은 곧 식량 생산 감소로 이어집니다.

그렇다면 식용 곤충이 과연 이런 암울한 상황의 대안이 될 수 있을까요? 유엔의 전망은 낙관적입니다. 식용 곤충은 의외로 여러 장점이 있습니다.

귀뚜라미가 쇠고기보다 좋은 이유

우선 곤충은 적은 자원으로 많은 양을 생산할 수 있습니다. 비교를 해 보지요. 소가 몸무게를 1kg 늘리려면 10kg의 사료가 필요합니다. 돼지가 1kg을 찌우려면 사료 5kg, 닭이 1kg을 찌우려면 사료 2.5kg이 필요하지요. 반면에 1kg의 귀뚜라미를 키우려면 1.7kg의 사료만 있으면 됩니다.

더구나 식문화에 따라서 다르긴 합니다만 소, 돼지, 닭은 먹지 못하는 부분이 많아요. 반면에 귀뚜라미는 최대 80% 정도를 섭취할 수 있습니다. 이렇게 따지면 귀뚜라미는 똑같은 사료를 섭취하고서도 닭보다 2배, 돼지보다 4배, 소보다 12배 이상 효율이 높습니다. (과학자들은 그 이유를 곤충이 변온동물이라 체온 유지에 영양분이 필요 없기 때문이라 짐작합니다.)

게다가 곤충은 소, 돼지, 닭과는 달리 비교적 좁은 환경에서 별다른 부작용 없이 대량 사육이 가능합니다. 놀라지 마세요. 소, 돼지, 닭과 같은 가축을 키우는 데 현재 전체 농지 면적의 70% 정도가 들어가요. 이런 가축 대부분은 좁은 공간에서 밀집 사육 방식으로 길러지면서 여러 문제를 낳습니다. 2017년 우리나라와 유럽을 떠들썩하게 했던 '살충제 계란' 파동은 좋은 예입니다.

반면에 곤충은 일단 크기가 작기 때문에 좁은 공간에서 사육이 가능합니다. 앞에서 언급했듯이 사료가 적게 필요할 뿐만 아니라 물 소비량도 적어요. 아직까지 알려진 바가 없기는 하지만, 곤충을 이런 좁은 공간에서 키운다고 소, 돼지, 닭 등에 비해서 스트레스를 많이 받을 것 같지도 않아요.

그런가 하면 소, 돼지와 같은 가축을 사육하면서 발생하는 온실가스는 이산화탄소로 환산했을 때 전체 배출량의 18%에 달합니다. 특히 가축 사육 과정에서 나오는 메탄이나 이산화질소 같은 온실가스는 짧은 기간에 지구를 데우는 효과가 이산화탄소보다 23배(메탄)에서 289배(이산화질소)까지 큽니다. 반면에 곤충의 온실가스 배출량은 소, 돼지의 100분의 1 수준입니다.

소, 돼지, 닭 등 가축을 한곳에 모아 놓고 기르는 방식은 조류인플루엔자(조류독감), 광우병 등과 같은 인류를 위협하는 치명적인 질병을 낳는 원인이 되기도 합니다. 야생의 바이러스가 소, 돼지, 닭 등을 통해서 돌연변이를 일으켜 종 간 장벽을 넘어서 결국 사람에게 전염될 가능성이 있지요.

다수의 과학자는 곤충은 소, 돼지, 닭보다 인간과 차이가 훨씬 크기 때문에 이렇게 종 간 장벽을 뛰어넘는 바이러스, 세균의 감염을 초래할 위험이 낮으리라 봅니다. 물론 좀 더 연구가 필요합니다. 지금까지 인류가 한 번도 시도해 본 적 없는 일이기에 대량 사육을 할 때 미처 예상치 못한 부작용이 나타날 수도 있으니까요.

이 대목에서 발상의 전환도 가능합니다. 앞에서 현재 곡물 생산량의 3분의 1 정도가 굶주리는 사람 대신에 소, 돼지 같은 가축의 사료로 쓰인다고 했지요? 그런데 파리 같은 곤충은 음식물 쓰레기,

가축의 똥오줌 등을 효율적으로 흡수하며 빠른 속도로 번식합니다. 그렇다면 이런 방법은 어떨까요?

음식물 쓰레기, 가축의 똥오줌을 이용해서 파리 같은 곤충을 대량 사육합니다. 그렇게 길러 낸 파리를 분말 형태로 가공해서 동물 사료로 만듭니다. 바로 이 사료로 소, 돼지, 닭 심지어 양식 어류를 기르는 데 사용하면 어떨까요? 이렇게 하면 음식물 쓰레기, 가축의 똥오줌 같은 골칫덩어리를 친환경적으로 해결할 수 있을 뿐만 아니라, 엄청난 양의 곡물을 소비하는 가축 사료 문제도 손쉽게 해결할 수 있습니다.

전 세계 곳곳에서 실제로 식용 곤충(파리)을 음식물 쓰레기 같은 유기성 폐기물로 사육할 수 있을지를 놓고 공중 보건 문제까지 포함해서 검토 중입니다. 파리로 만든 사료로 길러 낸 쇠고기, 돼지고기, 닭고기를 먹는다는 생각에 벌써부터 고개를 젓는 이들이 있겠지요? 하지만 앞에서 언급한 '살충제 계란' 파동에서 확인했듯이 지금 소, 돼지, 닭을 기르고 도축하는 과정도 그리 유쾌하지 않답니다.

귀뚜라미로 만든 초콜릿 바 맛은?

유엔의 권고 이후에 식용 곤충을 둘러싼 상황도 빠른 속도로 변하고 있어요. 지난 2017년 9월에는 핀란드 정부가 귀뚜라미 등 곤충을 식용으로 키워서 판매하기로 허용해 화제가 되었어요. 앞서 벨기에, 네덜란드 등도 육류를 대체하는 먹을거리로서 곤충의 식용

식용 곤충식 섭식 인구: 전 세계 20억 명 (출처: FAO)

과 판매를 허용했습니다. 식용 곤충에 거부감이 있었던 유럽을 비롯한 서구 사회가 변하기 시작한 것이지요.

식용 곤충에 대한 유럽인의 인식 조사 결과도 흥미롭습니다. 핀란드 투르쿠대학 연구진의 조사에 따르면, 핀란드인 응답자 3명 가운데 1명이 '곤충을 어떤 형태로든 먹어 본 경험이 있다'고 답했고, 절반 정도는 '곤충으로 만든 음식을 사 먹을 생각이 있다'고 답했어요. 같은 조사에서 스웨덴인 응답자 40%, 독일인 응답자 25%도 식용 곤충을 섭취할 의향이 있다고 답했고요.

짐작하다시피 식용 곤충의 가장 심각한 장애물은 곤충에 대한 뿌리 깊은 혐오감입니다. 맛은 없지만 꾸역꾸역 먹었던 검은색 단백질 바가 바퀴벌레로 만들어졌다는 사실을 알게 된 순간 구역질을 하지 않을 수 없지요. 아무튼 이런 곤충에 대한 혐오감을 없애고자 고안된 방법이 바로 곤충의 형태를 가능한 한 숨기는 것입니다.

먹을거리 가공 분야에서 항상 앞서는 미국에서 그런 일을 진행 중입니다. 미국의 식품 기업 엑소(EXO)는 귀뚜라미를 가루로 만든 뒤 카카오를 섞어서 제조한 단백질 바를 시장에 내놓았어요. 앞서 미국 식품 기업 차풀(Chapul)도 식용 곤충으로 만든 에너지 바를 출시했습니다. 영화 〈설국열차〉처럼 곤충으로 만든 단백질 바가 실제로 등장한 것이지요.

우리나라 정부도 최근 식용 곤충에 적극적으로 관심을 보이기 시작했어요. 현재까지 식품의약품안전처가 먹어도 문제가 없다고 판단한 곤충은 총 일곱 가지예요. 2014년 이전까지는 벼메뚜기, 누에번데기, 백강잠 등 3종이 식용 곤충으로 인정되었어요. 농촌진흥청의 연구로 2016년 4종(갈색거저리 애벌레, 흰점박이꽃무지 애벌레, 장수풍뎅이 애벌레, 쌍별귀뚜라미)이 새롭게 추가되었지요. 현재 식용 곤충 후보에 올라 연구가 진행되고 있는 종도 있으니, 앞으로 그 수는 점차 늘어날 것으로 보입니다. 정부는 이 식용 곤충을 이용한 '곤충 요리 경연 대회' 등을 열어서 식용 곤충 요리를 권장하고 있습니다.

국내 기업의 활약도 기대가 됩니다. '케일'은 곤충으로부터 단백질 등을 추출·정제해서 먹을거리 원료로 만들고 있어요. 이 회사는 CJ 같은 대기업과 연구 개발을 진행하면서 먹을거리 원료는 물론 완제품까지 출시했습니다. '디앤이이노베이션'은 쇠고기에 비해 단백질 함량이 세 배 이상 많은 메뚜기 분말을 10% 정도 섞은 초콜릿을 시장에 선보였고요.

앞에서 정부가 개최하는 곤충 요리 경연 대회가 있다고 했지요? 서울 중구 신당동에는 국내 최초의 식용 곤충 전문 레스토랑 '빠삐용의 키친'도 있어요. 이 레스토랑에서는 메뚜기, 누에번데기, 귀뚜라미, 장수풍뎅이 유충 등의 식용 곤충을 이용한 요리를 맛볼 수 있습니다. 도대체 어떤 맛이 날지 궁금하지 않으세요?

지금으로부터 30년 정도가 지난 2050년이 되면 정말로 식용 곤충이 일상생활로 들어와서 당당히 식탁의 한구석을 차지할까요? 일단 지금 필요한 일은 곤충을 먹을거리로 사용하는 데 필요한 준비 작업입니다. 독성 같은 부작용이 없으면서도 맛과 영양이 좋은 식용 곤충을 가려내고, 또 그런 곤충을 대량 사육할 때 발생하는 문제점도 꼼꼼히 따져야겠지요.

쌀, 밀, 옥수수나 소, 돼지, 닭처럼 오랫동안 섭취해 온 먹을거리가 아닌 곤충을 먹었을 때의 우리 몸의 변화도 꼼꼼히 체크해야 할 테고요. 이런 준비가 어느 정도 철저하게 된다면 정말로 그때는 이런 대화가 오갈지 모릅니다. "오늘 점심에는 메뚜기 파스타 어때?" 과연 어떤 맛일지 정말로 궁금합니다.

🔖 겹쳐 읽기

223쪽 〈당신의 몸을 '칩' 위에 올려놓기〉에서는 각종 실험에 이용되는 동물을 대체하려는 노력에서 시작해, 아예 동물의 근육 조직(고기)을 배양하는 방법을 고민하는 과학자의 시도를 확인할 수 있습니다. 이와 더불어 인구 증가와 환경오염이라는 한계에 봉착한 인류의 생존 방향을 결정 짓는 중대한 질문 또한 만나게 될 것입니다. '앞으로 인류는 무엇을 먹으며 살아야 할까?'

❤️ 확장해서 읽기

◎ 먹을거리 문화를 바꾸는 일이 어떤 혁명적인 결과를 가져올 수 있는지 살펴보고 싶다면
　　☞ 강양구·강이현, 『밥상 혁명』(살림터, 2009)

◎ 잡식동물이라는 인간의 특징에 주목하면서 대안적인 먹을거리 문화를 고민하려면
　　☞ 마이클 폴란, 조윤정 옮김, 『잡식동물의 딜레마』(다른세상, 2008)

GM 먹을거리의 진실, 당신의 선택은

> ## GM 작물,
> ## 안전하기만 하면
> ## 먹어도 될까?

유전자 변형 작물의 등장

드라마 〈응답하라 1988〉의 배경보다도 더 오래전의 일입니다. 그 당시 초등학생이던 저는 미래 사회를 묘사한 과학 학습 만화에 한창 빠져 있었습니다. 특히 매력적인 부분은 바로 '유전자 변형(GM, Genetically Modified) 작물'을 재배하는 모습이었어요. 그 만화는 줄기에서 토마토가 열리고 뿌리에서는 감자가 열리는 '포마토

(pomato)'를 소개했지요.

아니나 다를까, 10년 뒤인 1994년에 실제로 토마토와 감자를 합쳐 놓은 포마토가 세상에 등장했습니다. 비록 기존의 토마토·감자와 맛 차이가 크고 상품성이 없어 시장에서 소비자를 직접 만나는 데는 실패했지만 포마토는 세상에 GM 작물이 등장했음을 알리는 신호탄이었어요. 그러고 나서, 같은 해 오랫동안 보관해도 물러지지 않도록 유전자를 변형한 토마토가 시장에 나왔습니다.

GM 작물이 세상에 등장하자 우려의 목소리도 쏟아졌습니다. 과학자 프랑켄슈타인(Frankenstein)이 시체 조각들을 짜깁기해서 '괴물'을 만드는 소설 『프랑켄슈타인』(1818)의 제목과 음식(food)을 합성한 조어 '프랑켄푸드(Frankenfood)'는 여전히 널리 쓰이는 GM 식품의 별명입니다. 이 조어는 포마토나 물러지지 않는 토마토가 세상에 등장하기도 전인 1992년에 미국의 영문학자 폴 루이스^{Paul Lewis}가 만들었지요.

이렇게 GM 작물이 세상에 등장한 지 벌써 20년이 넘었습니다. 강산이 두 번이나 바뀌었는데도 GM 작물을 둘러싼 논쟁은 여전히 진행 중입니다. 한쪽에서는 GM 먹을거리야말로 인류를 구할 유일한 해법이라 강조하고, 다른 쪽에서는 갖가지 재앙의 씨앗이라고 경고합니다. 도대체 진실은 어디에 있을까요? 이 자리에서는 조심스럽게 그 진실에 다가가 볼 생각입니다.

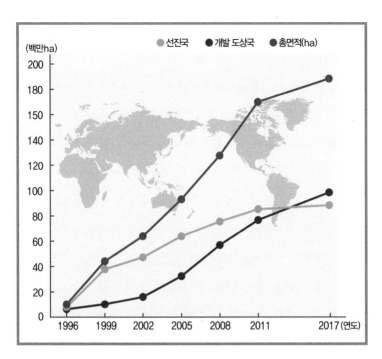

(백만ha)

● 선진국 ● 개발 도상국 ● 총면적(ha)

전 세계 GM 작물 생산 면적

GM 먹을거리, 세상을 지배하다

GM 작물은 생명공학을 이용해서 특정한 유전자를 조작한 것입니다. 예를 들어 바킬루스 투링기엔시스(Bacillus thuringiensis)*라는 미생물에서 살충 성분을 만드는 유전자를 뽑아내 자연 상태의 옥수수에 주입하면 살충 성분을 생성하는 GM 옥수수를 만들 수 있어요.

* 결정 형태의 살충 단백질을 생산하는 세균의 하나로, 상업적 GM 작물 개발에 널리 쓰인다.

실제로 미국에서 재배하는 옥수수의 80%는 이렇게 만들어진 GM 옥수수입니다.

살충 성분을 생성하는 GM 옥수수는 자연 교배로는 절대로 만들 수 없는 과학기술의 산물입니다. 현재 GM 작물은 옥수수 외에도 콩(대두), 카놀라(유채), 땅콩호박, 파파야, 목화, 사탕무, 알팔파 등이 상업 재배되고 있습니다. 또 세계 곳곳에서 GM 벼 같은 새로운 GM 작물이 개발 중이고, GM 연어 같은 동물로도 그 범위를 넓혀 가고 있어요.

GM 작물의 성적표는 보기에 따라서 좋을 수도 나쁠 수도 있습니다. 어떤 사람은 20년이 넘었는데 고작 열 개도 안 되는 GM 작물만이 상업 재배되고 있다는 사실을 들면서 그 성적이 나쁘다고 평가할 거예요. 하지만 어떤 사람은 미국에서 재배되는 콩(대두)의 약 90%, 옥수수의 약 80%, 목화의 75% 이상이 GM 작물이라는 사실을 들면서 반발할 겁니다.

실제로 GM 작물 경작지의 면적은 1996년 미국을 비롯한 6개국에서 170만 ha 수준이었다가, 2017년에는 24개국 1억 8,000만 ha 이상으로 늘었어요. (참고로 1ha는 1만 m^2입니다.) 현재는 전 세계에서 재배하는 대두의 약 5분의 4, 목화의 약 4분의 3, 옥수수의 약 3분의 1, 그리고 카놀라의 약 4분의 1이 GM 작물입니다.

그렇다면 이렇게 재배한 GM 작물은 도대체 어디에 쓰일까요? 작물에 따라서 천차만별입니다. 예를 들어 2005년부터 재배를 시작

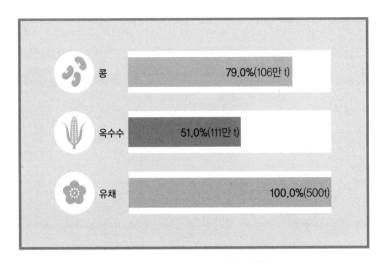

콩　79.0%(106만 t)

옥수수　51.0%(111만 t)

유채　100.0%(500t)

식품용 GM 농산물 수입 비중(식품의약품안전처, 2015)

한 GM 사탕무는 대부분 설탕의 원료로 사용됩니다. 불과 10년 만에 미국에서 사용하는 설탕의 3분의 1 이상이 GM 사탕무를 원료로 쓴 것이라니 놀랍지요?

GM 카놀라는 대부분 식용유(카놀라유)를 만드는 데 사용됩니다. GM 목화는 솜털을 모아서 솜을 만들고, 그 씨를 짜서 얻은 기름으로는 역시 식용유로 쓰이는 면실유를 만듭니다. GM 콩은 '대두 레시틴'을 추출해 가공식품이나 동물 사료를 만드는 데 쓰이기도 하고, 식용유(콩기름)의 원료로도 사용합니다. 알팔파는 가축 사료로만 쓰이고요.

GM 옥수수의 사용 범위는 훨씬 넓어요. 옥수수에서 뽑아낸 옥수수 녹말(탄수화물)은 과자의 원료로 쓰이고, 설탕 대신 탄산음료 등에 들어가는 액상 과당으로 사용되기도 합니다. 2005년 미국 비영리단체 퓨자선기금의 '식품과 생명공학을 위한 퓨 이니셔티브(Pew Initiative on Food and Biotechnology)'라는 프로젝트에서 발표한 조사에 따르면, 미국의 가공식품 약 4분의 3에 GM 작물에서 유래한 성분이 들어 있습니다. 10년 이상이 지났으니 그 비중은 훨씬 커졌겠지요.

미국과 달리 우리나라에는 GM 작물을 재배하는 농민이 없습니다. 농촌진흥청이 외부와 격리된 농지에서 GM 벼 등을 시험 재배하는 정도예요. 하지만 먹을거리 가운데는 GM 작물에서 유래한 성분이 포함된 것이 많아요. 왜냐하면 우리나라도 GM 콩이나 GM 옥수수를 수입하고 있기 때문입니다. 국내 수입 GM 작물의 90% 이상이 GM 콩이나 옥수수지요.

GM 먹을거리가 위험한 진짜 이유

GM 먹을거리를 둘러싼 가장 큰 걱정은 인체에 위험을 초래할 '가능성'입니다. 안타깝게도 GM 먹을거리가 인체에 유해한지 아닌지를 판단할 수 있는 신뢰할 만한 과학적 근거가 없어요. GM 먹을거리가 식탁으로 들어온 지 20년이나 지났는데도 그것의 안전성을 입증하는 뚜렷한 연구가 진행되지 않았다는 게 참으로 놀랍지요?

물론 몇몇 과학자가 GM 먹을거리의 안전성을 놓고서 걱정할 만한 연구 결과를 내놓아 과학계에서 떠들썩한 논란을 일으킨 적이 있습니다. 그 사정이야 어떻든 간에 다수의 과학자는 GM 먹을거리가 인체에 무해하다고 주장합니다. 다만 이런 과학자의 판단을 놓고서 나라마다 대응하는 방식은 제각각입니다. 미국 같은 경우는 GM 먹을거리가 인체에 해롭다는 과학적 증거가 없기 때문에 다른 먹을거리와 차별을 둘 이유가 없다는 입장이에요. 이는 미국이 GM 성분이 포함된 먹을거리 표시에 소극적인 이유이기도 해요.

반면에 유럽은 GM 먹을거리가 인체에 안전하다는 과학적 증거도 없기 때문에 일단은 조심하자는 입장입니다. 일종의 '사전 예방 원칙'을 따르는 것이지요. 그래서 GM 성분이 사용된 모든 제품에 이를 표시하는 완전 표시제를 적용하고, GM 작물 재배를 허용하는 데도 신중합니다. 당연히 시민들의 GM 먹을거리에 대한 거부감도 높습니다.

우리나라는 어떨까요? 우리나라 역시 먹을거리에 GM 성분이 조금이라도 검출되면 표시하고 있어요. 단, 식용유나 당류 등은 예외예요. 왜냐하면 GM 콩에서 지방 성분만 추출해서 콩기름을 만들거나, GM 옥수수에서 녹말을 뽑아내서 전분당(녹말당)을 만드는 과정에서 GM 성분(핵산이나 단백질)이 없어지기 때문이지요.

가끔 강연을 갈 때마다 GM 작물의 위험 여부를 따져 묻는 청중이 많아요. 결론부터 말하자면, 그것이 인체에 장기적으로 어떤 영향을 줄지는 아무도 몰라요. 다만 저는 다른 대목을 강조하곤 합니다. 왜냐하면 GM 작물이 인체에 어떤 영향을 줄지는 불확실하지만 다른 확실한 부작용이 나타나고 있으니까요.

가장 심각한 문제는 GM 작물이 환경에 미치는 나쁜 영향입니다. 예를 들어 GM 콩의 대부분은 몬산토(2018년 바이엘에 인수 합병)에서 만든 '라운드업 레디(Roundup Ready)'입니다. 이 GM 콩은 제초제를 뿌려도 죽지 않는 내성을 가지도록 개발되었어요. 처음에 몬산토는 이런 GM 작물이 결과적으로 제초제 사용량을 줄여서 환경에 도움이 되리라고 주장했지요.

그런데 결과는 정반대였습니다. 상식적으로 생각해 보세요. 제초제를 마음대로 뿌려도 죽지 않는 GM 콩이 있습니다. 그렇다면 농민은 어떻게 할까요? 당연히 마음 놓고 제초제를 뿌리겠지요. 결과적으로 몬산토의 주장과는 반대로 제초제 사용량은 늘었습니다.

이렇게 제초제 사용이 늘어서 환경이 파괴되는데도 정작 매출이 늘어서 웃는 기업이 있습니다. 바로 세계 최대 규모의 종자 회사 몬산토입니다. 왜냐하면 몬산토에서 만든 아주 강력한 제초제 '라운드업'을 뿌려도 살아남는 콩은 이곳에서 만든 '라운드업 레디'뿐이거든요. (그래서 GM 콩 이름이 '라운드업 레디'입니다!)

더구나 이 제초제의 주요 성분 글리포세이트(glyphosate)는 인체에 심각한 위험을 초래할 수 있는 독성 물질입니다. 세계보건기구(WHO) 산하 국제암연구센터(IARC)는 지난 2015년 글리포세이트를 암을 유발할 가능성이 있는 물질로 지목했습니다. 아직 사람에게 암을 일으키는지에 대한 증거는 제한적이지만 동물실험에서는 그 증거가 충분히 확보되었기 때문이지요.

먹을거리 생산을 누가 지배할 것인가?

생각해 봐야 할 문제가 또 있어요. 불과 수십 년 전만 하더라도 한 해 농사를 마무리하는 농민의 중요한 일 가운데 하나는 종자(씨앗)를 갈무리하는 것이었어요. 그렇게 보관한 종자는 이듬해 농사를 지을 때 쓰였죠. 아마 그런 농민에게 누군가가 종자를 사서 써야 한다고 말한다면 정신 나간 사람 취급을 받았을 거예요.

하지만 지금은 상황이 달라졌습니다. GM 콩이나 GM 옥수수를 재배하는 농민은 매년 몬산토 같은 기업으로부터 돈을 주고 종자를 구매해야 합니다. 라운드업 레디 같은 GM 콩을 구매한 농민이라면 그것에 사용할 라운드업 같은 제초제까지도 함께 사야 해요. 종자에 대한 소유권이 농민에서 기업으로 넘어간 셈이지요.

더구나 몬산토처럼 먹을거리 생산 과정을 쥐락펴락하는 기업이 인수 합병을 통해서 점점 공룡이 되고 있어요. 2015년 기준 세계 종자 시장은 몬산토(미국), 듀폰(미국), 신젠타(스위스), 리마그레인(프랑스), 바이엘(독일) 등 다섯 개 기업이 지배하고 있었습니다. 하지만 최근 인수 합병을 통해 세 개의 초거대 기업이 더욱 강력한 지배력을 갖게 되었어요. 2017년에 스위스 기업 신젠타가 중국 켐차이나에 인수되었고, 미국 기업 다우와 듀폰이 합병해 다우듀폰이 되었습니다. 2018년에는 몬산토와 바이엘이 합병 절차를 완료해, 몬산토는 바이엘의 자회사로 흡수되었고요. 종자 시장의 절반 이상을 세 개의 기업(바이엘-몬산토, 다우듀폰, 켐차이나-신젠타)이 장악하게 된 것이지요.

GM 콩이나 GM 옥수수 대신에 토종 종자를 쓰면 되지 무엇이 문제냐고요? 그게 말처럼 쉽지가 않습니다. 1998년 캐나다의 한 농민은 뜬금없이 몬산토로부터 고발을 당했어요. 그 농민이 몬산토의 허락 없이 제초제에 내성이 있는 GM 카놀라를 재배했다고 말이지요. 하지만 그 농민은 GM 카놀라를 재배할 생각이 없었고, 몬산토의 제초제도 구매해서 사용하지 않았습니다.

그런데 분명히 그 농민의 밭에는 GM 카놀라가 자라고 있었습니다. 어찌 된 영문일까요? GM 콩·옥수수·카놀라 등 GM 작물의 재배 면적이 워낙 넓다 보니, 그 GM 종자가 의도하지 않게 토종 작물의 밭까지 넘어온 것이죠. 심지어 캐나다 법원은 이 농민이 허락 없이 GM 카놀라를 밭에서 재배한 것은 잘못이라는 판결까지 내렸습니다.

이제 GM 먹을거리를 둘러싼 논쟁이 단순히 인체에 유해한지 아닌지를 묻는 단계를 넘어서야 한다는 사실을 알았지요? GM 먹을거리는 애초 약속했던 장밋빛 전망(식량 증산, 환경보호 등)보다 기업의 이익(종자 판매, 농약 판매 증가)을 우선하는 방향으로 개발되었습니다. 20년이 지난 지금은 누가 먹을거리 생산을 통제해야 하는지와 같은 근본적인 질문을 제기하고 있고요.

저는 강연의 말미에 이런 질문을 청중에게 던지곤 합니다.

"이렇게 GM 먹을거리는 앞서 언급한 여러 문제를 안고 있습니다. 그런데 만약에 연구 개발을 통해서 GM 먹을거리가 몸에 안전할 뿐만 아니라 심지어 더 좋다는 결론이 나왔다고 가정해 보지요. 그럼 여러분은 앞서 언급한 여러 문제에도 불구하고 GM 먹을거리를 선택할 건가요?"

여러분 생각은 어떻습니까?

〽️ 겹쳐 읽기

211쪽 〈인간도 업그레이드가 가능할까〉를 보면 최근 등장한 유전자 가위 등을 이용해 식물, 동물을 넘어서 인간의 유전자를 자르고 붙이려는 시도를 확인할 수 있습니다. 과연 그 미래는 어떻게 될까요?

〽️ 확장해서 읽기

◎ GM 먹을거리를 둘러싼 과학과 신화, 논란의 역사를 탐색하고 싶다면
☞ 존 T. 랭, 황성원 옮김, 『GMO, 우리는 날마다 논란을 먹는다』(풀빛, 2018)

◎ GM 먹을거리에 대한 과학계 주류의 견해를 확인하려면
☞ 최낙언, 『GMO 논란의 암호를 풀다』(예문당, 2018)

3장　　　　기술 – 넘어서다

우리가 몰랐던
'100세 시대'의 진실

> ## 연명 의료,
> ## 과연 얼마나 의미 있을까?

당신은 어떻게 생을 마감하고 싶나요?

할아버지께서 지방의 한 요양 병원에서 세상을 뜨셨습니다. 향년 96세. 일제강점기에 태어나 이삼십 대 때 해방(1945년) 전후의 혼란, 6·25전쟁(1950년) 등을 겪었지요. 죽을 고비를 수차례나 넘기면서도 결국은 살아남아서 맨손으로 집안을 일으켜 세운 할아버지였지만, 결국 흐르는 시간 앞에서는 어쩔 수 없었습니다.

사실 할아버지는 항상 그 모습 그대로일 줄 알았습니다. 아흔이 넘은 나이에 컴퓨터로 뉴스를 읽었고, 가끔은 손자의 기사에 있는 오타를 지적하는 전화를 걸기도 하셨지요. 그러던 할아버지도 평생 함께한 할머니가 돌아가시면서 급격히 무너지기 시작했습니다. 치매 증상이 나타난 것입니다.

할아버지는 지근거리에 살던 아들 삼 형제의 권유에도 불구하고 시골집을 떠나지 않겠다고 고집을 부렸습니다. 자기 성공의 상징인 텃밭 딸린 큰 집, 할머니와 함께 칠 남매를 낳고 기른 그 집에 대한 애착은 이해할 만한 일이었지요. 하지만 결국은 요양 병원으로 모실 수밖에 없었습니다. 밤마다 잠을 못 이루고 산책하시다 길을 잃는 경우가 허다했기 때문이지요.

그즈음 평생직장에서 정년을 맞은 아버지는 예순이 훌쩍 넘은 나이에 요양 보호사 자격증을 땄습니다. 그리고 할아버지를 모신 요양 병원에 취직했지요. 그 병원에서 일하며 할아버지를 지켜보기 위해서였습니다. 병상에 누워서 돌아가시기 30분 전에도 아버지는 할아버지에게 요구르트를 마지막으로 떠먹였습니다.

비록 병원이었지만 효심 지극한 아버지가 옆에 있어서 할아버지는 마지막이 외롭지 않았을 것입니다. 하지만 할아버지처럼 아들딸의 수발을 받으며 삶을 아름답게 마무리하는 노인이 몇이나 될까요? 흔히 지금 세상을 '100세 시대'라고 말합니다. 하지만 진짜 100세 시대가 되면 무슨 일이 일어날까요?

100세 장수 노인은 어디서 어떻게 살까?

우리나라에 100세 이상 노인은 몇 명이나 될까요? 2016년 통계청에서 발표한 '2015 인구주택총조사—100세 이상 고령자 조사 집계 결과'를 보면 100세 이상 인구는 3,159명입니다. 2005년에 961명이었으니 10년 동안 3배 이상 늘었죠. 통계청은 100세 이상 고령자를 전수조사하기 때문에 오차도 거의 없습니다.

그렇다면 3,000명이 넘는 100세 이상 노인의 삶은 어떨까요? 공기 좋고 물 좋은 장수 마을에서 한 세기를 함께 살아온 지기와 말벗하면서 넉넉한 마음으로 삶의 마지막을 기다리고 있을까요, 혹은 증손자·증손녀의 재롱을 지켜보면서 인생의 마지막 행복을 만끽하고 있을까요?

통계청의 같은 조사 결과를 보면, 가족과 함께 사는 100세 이상 노인의 비율은 절반 이하입니다. 100세 이상 노인이 가족과 함께 사는 비율은 44.6%로, 2010년 57.1%에 비해서 5년 만에 12.5%포인트 떨어졌습니다. 반면에 요양원, 요양 병원 등 시설에 사는 비율은 43.1%로 2010년 19.2%에 비해서 23.9%포인트 늘었어요.

가족과 함께 사는 100세 이상 노인도 불행하긴 마찬가지입니다. 3분의 2 이상(73.2%)이 만성 질환을 앓고 있습니다. 10년 전에 비해 3배 이상 늘어난 100세 이상 노인의 다수는 병들어 신음하면서 가족과 떨어져 요양원, 요양 병원 등에서 삶의 마지막을 기다리고 있습니다. 그 가운데 상당수는 전수조사차 방문한 통계청 직원에게 자신의 나이도 확인해 주지 못할 정도였고요.

지난 10년 새 무슨 일이 벌어진 것일까요? 인구학자 조영태 교수는 그의 저서 『정해진 미래』에서 이렇게 분석합니다. "2000년대였으면 사망했을 분들이 의료 기술의 발달로 연명 치료를 받고 있다는 의미다. 가족의 따뜻한 보살핌이 이들의 생명을 연장시킨 게 결코 아니다. 이것이 축복일까, 재앙일까?"

'연명 치료 혹은 연명 의료(life-prolonging care)'는 죽음 앞에 선 환자를 두고서 단지 생명 유지만 신경 쓰는 치료를 말합니다. 환자나 환자의 가족이 명확한 거부 의사를 표현하지 않을 때, 우리나라를 비롯해 전 세계 병원에서 기본(default)으로 진행되는 처치가 바로 연명 의료입니다.

실제 예를 살펴보지요. 여기 78세의 폐암 말기 환자가 있습니다. 수술조차 불가능했던 그는 죽어 가고 있습니다. 의사, 간호사 등 그를 돌보는 의료인이라면 누구나 그를 살리는 일이 불가능하다는 사실을 알고 있어요. 하지만 그는 의식을 잃기 전까지 연명 의료를 거부한 적이 없었고, 설상가상으로 그를 대변할 가족도 없습니다.

그에게 무슨 일이 일어났을까요? 우선 그는 호흡이 곤란한 상태였기에, 입이나 코로 튜브를 기관(氣管)까지 넣어서 인공호흡하게 하는 '기관 삽관(intubation)'을 받았어요. 이렇게 기관 삽관을 하면 설사 의식이 있더라도 의사, 간호사 또는 가족과 대화를 할 수 없습니다. 당연히 보통 사람처럼 먹지도 못하지요.

자의로 용변을 보지 못해서 방광에는 오줌을 빼내는 소변 줄이, 직장에는 대변을 제거하기 위한 튜브가 연결됩니다. 그의 경우에는 심장을 둘러싼 막에도 구멍을 뚫어 튜브를 연결해야 했어요. 폐를 망가뜨린 암세포가 심장을 공격해서 원래 기능을 못하도록 방해한 탓에, 심장 주변에 자꾸 혈액이 고였기 때문입니다. 주변의 혈액은 심장의 펌프질을 막는 요인이지요.

그는 이렇게 몸의 온갖 구멍에 튜브를 연결한 채 꺼져 가는 생명을 겨우 유지하고 있습니다. 이제 죽는 일만 남았어요. 하지만 죽기조차 쉽지 않습니다. 생명이 꺼지려고 하면 의사나 간호사가 달려들어서 심폐 소생술을 하기 때문입니다. 심폐 소생 과정에서 약해질 대로 약해진 그의 갈비뼈 여럿이 부러집니다.

하지만 이렇게 온갖 인공물의 도움을 받아도 생명의 불씨를 다시 되살릴 수는 없습니다. 결국 그는 중환자실에서 차가운 인공물 사이에 둘러싸여 죽었습니다. 마지막 심폐 소생술 탓에 그의 갈비뼈는 또 부러졌고요. 그가 그런 고통조차도 느낄 만한 의식이 없었다는 게 다행이라고나 할까요? 이것이 바로 연명 의료에 의지하는 100세 시대의 진실입니다.

심폐 소생술의 진실, 기적은 드물다

국내외 의학 드라마에는 심폐 소생술로 죽어 가던 환자가 살아나는 모습이 자주 등장합니다. 실제로 일군의 의사들이 1994년부터

1995년까지 97개 드라마 등에 나타난 심폐 소생술을 분석해서《뉴 잉글랜드 저널 오브 메디슨The New England Journal of Medicine》(1996년 6월 13일 자)에 발표한 연구 결과를 보면, 드라마 속에서 심폐 소생술을 받은 환자의 75%가 살아났습니다.

하지만 현실은 드라마가 아닙니다.《크리티컬 케어Critical Care》(2010년 11월 4일 자)와《뉴잉글랜드 저널 오브 메디슨》(2009년 7월 2일 자)에 각각 실린 연구 결과를 보면, 심폐 소생술의 성공률은 환자의 나이, 질환, 상태에 따라서 보통 8~18%였습니다. 여기서 말하는 성공률은 심폐 소생술을 받은 환자들이 살아서 퇴원하는 것을 말합니다. 드라마 속의 성공률에 비하면 한참 적습니다.

앞서 소개한 연구에서는 환자의 나이, 질환, 상태 등을 따로 구별하지 않았어요. 그러면 앞선 사례의 노인처럼 말기 질환을 앓고 있는 환자의 심폐 소생술 성공률은 어떨까요? 암 환자의 삶의 질을 위한 의료 요법에 관한 연구 동향을 제공하는 학술지《SCCSupportive Care in Cancer》(2009년 10월 8일 자)에 실린 연구 결과를 보면, 말기 암 환자 가운데 심정지 때문에 심폐 소생술을 받은 61명 가운데 10명(11%)만 살았습니다.

그런데 놀랍게도 이렇게 심폐 소생술로 살아남은 환자 10명의 평균 생존 시간은 불과 3시간이었습니다. 그러니까 암처럼 중증 말기 질환을 앓는 환자가 일단 심장이 한 번 멎으면 심폐 소생술로 꺼져 가는 생명의 불씨를 잠깐 살리는 일이 그다지 의미가 없습니다.

그런데 이런 사실을 알면서도, 무의미한 심폐 소생술이 지금 이 순간에도 병원에서 이뤄지고 있어요.

실상이 이런데도 공격적인 연명 의료가 늘어나는 데는 두 가지 이유가 있습니다. 우선 병원이 연명 의료를 원합니다. 수익을 올려야 하는 병원으로서는 고령의 노인 환자를 비롯한 중증 말기 환자에게 공격적인 연명 의료를 처치해서 하루, 한 주, 한 달 이렇게 수명을 연장할수록 돈이 남습니다.

또 다른 이유는 환자의 가족입니다. 평소에는 환자를 돌보지 못하고 타지에 있던 아들딸이 임종 직전에 나타나 의사를 잡고서 애원합니다. "할 수 있는 건 다 해 주세요!" 우리 주변에서 쉽게 볼 수 있는 이런 모습을 지칭하는 용어도 있습니다. '캘리포니아에서 온 딸 신드롬(Daughter from California syndrome)'. 우리나라라면 '미국에서 온 딸 신드롬'이라고 부를 수도 있겠군요.

이런 사정 탓에 결국 환자는 의미 없는 심폐 소생술로 갈비뼈가 부러지고, 기도로 연결된 인공호흡 장치에 의존하다가 세상을 떠납니다. 이뿐만이 아닙니다. 우리 사회가 치르는 비용도 엄청납니다. 왜냐하면 죽기 직전의 며칠, 몇 주, 몇 개월의 연명 의료에 드는 막대한 비용 대부분이 시민이 십시일반 조성한 국민건강보험 기금에서 나가기 때문입니다.

환자도 불행하고, 이런 죽음을 지켜본 가족도 불행하고, 사회도 막대한 부담을 감당해야 하는 이런 공격적인 연명 의료를 언제까지

용인해야 할까요? 다행히 할아버지는 기관 삽관도, 심폐 소생술도 없이 세상을 떴습니다. 만약 기관 삽관, 심폐 소생술을 통해서 며칠 더 생명을 연장했다면 할아버지, 아버지, 그리고 저는 행복했을까요?

'아름다운 죽음' 선물하기

이런 흐름에 맞서 최근 용기 있는 의사 몇몇이 나서 '완화 의료(comfort care 혹은 palliative care)'를 실천하고 있습니다. 완화 의료는 죽음을 앞둔 환자에게 연명만을 위한 공격적인 처치 대신 마약성 진통제 등을 이용한 통증 완화 등을 통해서 마지막 삶의 질을 높이는 데 주력하는 처치를 통칭합니다. 환자에게 '존엄한' 혹은 '아름다운' 죽음을 선물하자는 것입니다.

여기 좋은 사례가 있습니다. 56세의 여성 환자인 그는 대학에서 시를 가르치는 존경받는 교수입니다. 하지만 그의 뇌에서 자라난 종양은 빠른 속도로 그의 정신을 파괴하고 있었습니다. 증상이 시작되었을 무렵에는 이미 뇌 곳곳에 종양이 자라난 상태라 수술도 할 수 없었지요. 죽음만이 그를 기다리고 있었습니다.

자, 그는 어떤 선택을 했을까요? 그는 다행히 완화 의료를 실천하는 의사(안젤로 볼란데스Angelo Volandes 하버드대 교수)를 만났습니다. 의사는 그에게 지금의 의학 수준으로는 죽음을 피할 방법이 없음을 충분히 설명하고, 중환자실에서 연명 의료를 받는 환자가 어떤 상태에 놓이는지 영상으로 보여 줬습니다. 그는 어떤 선택을 했을까요?

안젤로 볼란데스가 제작한 비디오의 일부. 중증 환자가 선택할 수 있는 세 가지 단계의 돌봄을 설명하는 영상으로 완화 의료, 제한적 치료, 연명 의료의 차이를 중립적으로 설명하고 있다.

그는 남아 있는 시간 동안 집에서 마약성 진통제 등으로 고통을 다스리면서, 남편과 함께 가능한 한 오랫동안 자신이 좋아하는 시를 읽고 싶다고 말했습니다. 그러고 나서 몇 주 뒤, 그는 집에서 사랑하는 남편이 읽어 주는, 가장 좋아하는 시인 월트 휘트먼Walt Whit-man의 시를 들으며 숨을 거뒀어요. 그가 꿈꾸던 죽음이었습니다.

완화 의료의 기적은 이뿐만이 아닙니다.《뉴잉글랜드 저널 오브 메디슨》(2010년 8월 19일 자)에 실린 연구 결과를 보면, 폐암 환자 가운데 조기에 완화 의료를 받은 이들이 연명 의료를 받은 환자보다 약 25%(3개월가량) 더 오래 살았습니다. 완화 의료를 통해 환자의 심신 상태가 안정되면서 생존 기간도 연장된 것이죠.

2009년 8월 25일, 만 77세로 세상을 떠난 미국의 전(前) 상원 의원 에드워드 케네디Edward Kennedy (존 케네디John Kennedy 전 대통령의 막냇동생)의 마지막도 완화 의료가 지향하는 아름다운 죽음의 한 모습입니다. 악성 뇌종양으로 고생하던 그는 집에서 아이스크림을 먹으며 가족과 마지막 대화를 나누고, 자신이 평소 좋아하던 영화인 〈007 제임스 본드〉 시리즈를 보다가 죽었습니다.

미국 최고의 명문가 출신 상원 의원이 돈이 없어서 연명 의료를 포기했을까요? 케네디는 안 것입니다. 의식도 없이 낯선 사람과 인공물에 둘러싸여 병원의 돈벌이 수단으로 전락하는 것보다, 사랑하는 사람과 시선을 주고받으며 뜨거운 눈물을 흘리며 세상을 마무리하는 것이야말로 가장 아름다운 죽음임을.

📖 확장해서 읽기

◎ 공격적인 연명 의료의 실제 현장을 살펴보고 이 같은 방식의 죽음이 온당한지 묻고 싶다면

　　☞ 안젤로 E. 볼란데스, 박재영·고주미 옮김, 『우리 앞에 생이 끝나 갈 때 꼭 해야 하는 이야기들』(청년의사, 2016)

◎ 질병, 노화, 죽음 등의 과정을 자연스럽게 인정하고 '어떻게 존엄한 죽음을 맞을 것인지' 고민하고 싶다면

　　☞ 아툴 가완디, 김희정 옮김, 『어떻게 죽을 것인가』(부키, 2015)

4차 산업혁명의 그늘, '로봇세'로 막자

> ""
>
> 4차 산업혁명은
> 장밋빛 미래를 약속할까?
>
> ""

빌 게이츠가 로봇세 도입을 주장하고 나선 이유는?

"연봉 5만 달러(약 5,500만 원)를 받는 노동자는 연봉에 비례하는 소득세와 사회보장비를 낸다. 로봇도 마찬가지다. 만약 로봇이 5만 달러어치 일을 하면 그에 상응하는 각종 세금을 내야 한다."

2017년 2월 17일, '마이크로소프트(MS)'의 창업자 빌 게이츠^{Bill Gates}는 한 언론과의 인터뷰에서 로봇에 세금을 물리는 이른바 '로봇세(robot tax)' 도입을 주장하고 나섰습니다. 반면에 같은 날 프랑스 스트라스부르에서 열린 유럽 의회는 로봇세 도입을 반대하는 결의안을 채택했습니다. 로봇세 도입을 놓고서 전 세계적인 논쟁이 시작된 것이지요.

로봇세는 인공지능(AI) 로봇, 정확히 말하면 그것을 사용해 높은 이익을 얻는 기업에 부과하는 세금을 통칭합니다. 빌 게이츠가 주장한 대로, 임금노동자가 소득세와 각종 사회보장비를 내는 것처럼 로봇도 비슷한 수준의 세금을 내라는 것입니다. (로봇이 인간처럼 스스로 생각하고 판단해서 행동하는 일은 어쩌면 가능할 수도 있겠지만 아주 멀고 먼 미래의 일입니다.)

흥미롭습니다. 빌 게이츠는 로봇으로 상징되는 세상의 변화를 앞에서 이끄는 사람 가운데 하나입니다. 그가 창업한 마이크로소프트는 '애플', '구글', '아마존닷컴', '페이스북'과 함께 인공지능 로봇 연구 개발을 이끌고 있어요. 언뜻 보면 로봇세 같은 주장에 반대해야 할 기업가가 정반대 주장을 하고 있는 셈이지요.

도대체 빌 게이츠가 로봇세를 주장하게 된 진짜 이유는 무엇일까요? 그의 속내를 들여다보려면 먼저 알쏭달쏭한 '4차 산업혁명'의 정체부터 파악해야 합니다.

4차 산업혁명의 미래는?

2017년 5월 9일 '장미 대선'에서 표를 얻고자 치열하게 경쟁했던 대통령 후보가 한목소리로 중요하다고 입을 모았던 의제가 있었습니다. 바로 4차 산업혁명입니다. 아마 여러분들도 뉴스에서 이 말을 들어 본 적이 있을 거예요. 그런데 정작 이 4차 산업혁명의 실체는 모호하기 짝이 없습니다.

그나마 널리 통용되는 것이 세계경제포럼 회장 클라우스 슈밥 Klaus Schwab 의 정의입니다. 2016년 1월, 슈밥은 스위스 다보스에서 열린 세계경제포럼에서 4차 산업혁명을 중요한 논의 과제로 제시해 이 말을 전 세계적 유행어로 만들었습니다. 같은 해 3월, 우리나라에서는 바둑 기사 이세돌 9단이 구글의 인공지능 로봇 '알파고'에 패하면서 이 말이 더욱더 화제가 되었지요.

지금까지 산업혁명은 증기기관의 1차 산업혁명, 전기와 대량생산의 2차 산업혁명, 정보 기술(IT)과 자동화의 3차 산업혁명을 거쳤습니다. 지금 우리는 인공지능, 생명공학, 사물 인터넷(IoT, Internet of Things), 3D 프린팅 기술 등의 혁신을 바탕으로 또 다른 변화를 맞고 있는데, 그것이 슈밥이 말하는 4차 산업혁명입니다.

새로운 과학기술이 등장할 때마다 그랬듯이 4차 산업혁명을 놓고서도 장밋빛 전망이 압도적입니다. 전 세계적으로 저성장이 지속되는 가운데 4차 산업혁명이 이를 넘어설 돌파구가 되어 주고, 그 결과 우리의 삶이 훨씬 더 나아지리라는 것입니다. 그런데 과연 그럴까요? 슈밥 식으로 따지면 3차 산업혁명이 한창 진행 중이던 1970년대에도 똑같은 논란이 있었습니다.

당시의 낙관론자는 공장이 자동화되면 공장에서 힘든 노동을 하던 노동자는 좀 더 창의적인 일을 하리라 큰소리쳤습니다. 그런데 현실은 어땠나요? 40년 전 공장에서 나쁜 공기를 마시며 재봉틀을 돌렸던 여성 노동자만큼이나 많은 여성이 지금은 대형 마트 계산대에서 하루 종일 힘든 노동에 종사합니다. 4차 산업혁명은 3차 산업혁명과 다를까요?

그 많은 버스, 택시 기사는 어떻게 될까

4차 산업혁명의 한 예로 거론되는 신기술 가운데 하나가 '자율 주행차'입니다. 자율 주행차는 운전자 대신 인공지능이 조종하는 차입니다. 상당수 전문가는 자율 주행차의 등장이 시간문제라고 입을 모읍니다. 그러니까 2020년경엔 부산에 있는 자동차를 서울로 소환할 수 있을 정도의 기술 수준에 이른다고 보지요.

물론 운전자 없는 자율 주행차가 실제로 시내 곳곳을 누비는 데는 시간이 더욱더 걸릴 거예요. 하지만 스마트폰이 불과 몇 년 새 우리의 필수품이 된 것처럼 자율 주행차도 생각보다 빨리 일상생활 속으로 들어올 수 있습니다. 특히 버스나 택시 회사가 자율 주행차의 도입에 앞장설 가능성이 커요.

구글 등이 축적한 자율 주행차의 운행 데이터를 보면, 에어백이 터질 만큼 큰 사고가 날 확률은 사람 운전자보다 인공지능이 훨씬 더 낮았습니다. 그럴 법합니다. 인공지능은 사람처럼 졸음운전이나 난폭 운전을 하지 않습니다. 또 시간이 지나도 돌발 상황에 대한 반응 속도가 떨어지지 않고요. (전국 택시 기사의 4분의 1가량이 65세 이상 노인입니다.)

이렇게 인공지능이 버스나 택시를 운전하는 게 더 안전하다는 인식이 확산되면 버스 기사나 택시 기사 같은 일자리가 사라질 가능성이 큽니다. 버스나 택시 회사 입장에서는 사고를 줄이면서도 비용의 많은 부분을 차지하는 인건비까지 없앨 수 있으니 금상첨화입니다. 그럼 지금 버스나 택시를 운전하는 그 많은 노동자는 어떻게 될까요?

이뿐만이 아닙니다. 자율 주행차가 가져올 더 큰 파장 가운데 하나는 자동차 산업의 구조 조정입니다. 자율 주행차가 대세가 되면 자동차 수요는 어떻게 될까요? 생각해 보세요. 하루 종일 주차장에 서 있는 수많은 자동차가 말 그대로 '자율 주행'을 하게 되면 과연 집집마다 자동차를 한두 대씩 가질 필요가 있을까요?

자율 주행차가 대세가 되면 자동차 한 대를 여럿이 '공유'하는 흐름이 등장할 가능성이 큽니다. 그 결과 자동차 산업은 위축되고, 자동차 공장에 고용된 많은 노동자가 일자리를 잃겠지요. 사실 자율 주행차가 도입되기 전부터 그런 일이 이뤄지고 있습니다. 현대자동차 공장에서 이뤄지는 상당수 작업이 로봇으로 대체됐고, 그 규모도 갈수록 커지고 있으니까요.

편의점 아르바이트가 사라진다고?

편의점 아르바이트도 4차 산업혁명의 여파로 사라질 가능성이 큽니다. 당장 세븐일레븐, 훼미리마트, 로손 등 일본의 5대 편의점은 2025년까지 편의점에서 계산원을 없애기로 했습니다. 손님이 상품을 바구니나 비닐봉지에 담아 무인 계산대 위에 올려 두면 물건 각각에 붙은 전자 태그의 정보를 한꺼번에 읽어서 곧바로 계산이 가능하게 할 계획이지요.

일본의 편의점이 무인 계산대 도입에 앞장서는 이유는 일본의 최저 임금이 시간당 1만 원 수준(도쿄 기준 2018년 985엔=약 9,820원)으로 우리나라(2018년 기준 7,530원)보다 훨씬 더 많기 때문입니다. 더구나 일본은 고령화로 편의점에서 일할 사람을 구하기도 어렵고요. 인건비가 높은 데다 인력난까지 심하니 아예 사람 점원을 없애기로 한 거예요.

우리나라는 어떨까요? 대학을 나와서도 창의적인 일은커녕 직장을 찾지 못해 편의점에서 아르바이트를 하는 청년 세대의 모습은 익숙합니다. 편의점 입장에서 당장은 일본처럼 무인 계산대를 도입하지는 않을 거예요. 아직은 (최저 임금이 상대적으로 낮은 탓에) 노동력을 싸게 부릴 수 있고, 기꺼이 아르바이트를 할 청년도 상당히 많으니까요.

하지만 앞으로 우리나라도 최저 임금이 1만 원 수준이 되면 편의점 일자리가 없어질지 모릅니다. 현재 수준에서 10% 정도만 인상

되어도 시간당 1만 원에 가까워지지요. 이렇게 인건비가 올라간다면 과연 편의점 일자리가 그대로 남아 있을까요? 편의점에서 일하던 그 많던 아르바이트 청년은 또 어디서 일자리를 찾을까요?

혹자는 편의점 일자리 같은 '질 낮은' 일자리는 사라지는 게 차라리 낫다고 생각할지도 모릅니다. 그렇게 편의점 일자리가 사라진 대신에 4차 산업혁명이 새로운 일자리를 창출할 테니 걱정할 필요가 없다고요. 앞서 언급했듯이 40년 전 3차 산업혁명 때도 똑같은 목소리가 있었습니다. 그런데 세상은 그런 장밋빛 전망대로 변하지 않았습니다.

로봇이 잘하는 일 vs. 인간이 잘하는 일

안타깝게도 4차 산업혁명이 새롭게 만들 일자리의 질도 그다지 좋아 보이지 않습니다. 예를 들어 4차 산업혁명의 결과로 생겨날 새로운 직업은 대부분 서비스직입니다. 패스트푸드 매장, 패밀리 레스토랑을 포함한 크고 작은 요식업체에서 육체노동과 감정노동을 동시에 수행하는 서비스 노동자, 아동 보육이나 노인 부양 등 돌봄 노동에 종사하는 이가 대표적입니다.

당연한 결과지요. 인공지능 로봇은 이세돌 9단을 이길 정도로 바둑 하나는 누구보다 잘 둘 수 있습니다. 수많은 경제지표를 종합하고 여러 자료를 비교 검토한 다음에 정확한 분석 결과를 짧은 시간에 내놓는 일도 인공지능이 애널리스트보다 더 잘할 수 있습니다.

무거운 자동차 덮개를 정확한 위치에 갖다 놓고, 나사로 단단히 조이는 일도 사람이 로봇의 능력을 넘볼 수가 없지요.

하지만 로봇은 여러 가지 일을 동시에 해내야 하는 역할에는 젬병입니다. 예를 들어 로봇은 미소를 지으며 고객의 주문을 받고(감정노동), 매뉴얼대로 햄버거를 만들다가 고객이 바닥에 쏟은 콜라를 걸레로 닦고(허드렛일), 심지어 무거운 짐도 나르는(육체노동) 일을 동시에 해내지 못합니다.

아동 보육이나 노인 부양 같은 일도 로봇이 엄두조차 내지 못합니다. 거동을 못하는 노인을 휠체어나 침대로 옮기고(육체노동), 대소변을 받고, 물수건으로 몸을 닦고(허드렛일) 때로는 노인의 말벗이 되어 주며, 가끔씩 찾아온 가족에게 노인의 상태를 설명하는 일(감정노동)을 (현재의) 로봇은 절대로 동시에 못하지요.

그런데 이렇게 로봇이 못하는 일을 하는 노동자는 그 중요성에도 불구하고 터무니없이 낮은 임금을 받고 있습니다. 임금이 낮으니 인공지능 로봇 시대에도 이런 노동은 오히려 늘어날 거예요. 기업 입장에서는 낮은 임금으로도 사람을 쓸 수 있는데 많은 연구 개발 비용을 들여서 이런 복잡한 기능을 가진 인공지능 로봇을 개발할 이유가 없을 테니까요.

바로 이 대목에서 심각한 문제가 발생합니다. 대기업 자동차 공장에서 높은 임금을 받던 블루칼라 노동자가 로봇 때문에 일자리를 잃고 나서 노인을 돌보는 '요양 보호사' 자격증을 딴다고 합시다. 그는 전과 똑같은 시간 동안 일하는데도 소득은 5분의 1 수준 밑으로 줄어듭니다. 그러면 세상에 무슨 일이 벌어질까요?

이제 그는 돈이 없어서 기업이 생산한 상품을 소비할 여력이 없습니다. 지금 우리가 살고 있는 자본주의 사회의 두 축은 생산과 소비입니다. 상품이 넘치는데 소비할 사람은 없는 상황, 이것이야말로 자본주의가 그토록 무서워하는 공황입니다. 4차 산업혁명을 이끄는 성공한 기업가 빌 게이츠가 로봇세를 주장하고 나선 것도 바로 이런 문제점을 간파했기 때문입니다.

'인간미' 넘치는 4차 산업혁명

로봇세는 두 가지 효과를 낼 수 있습니다. 일단 로봇세를 물리기 시작하면 기업이 무턱대고 일자리를 로봇으로 대체하는 일에 제동이 걸립니다. 인건비에 혹해서 운전기사를 인공지능으로 대체하려던 버스 회사나 택시 회사도 로봇세 부담 때문에 좀 더 이것저것 따져 보게 됩니다. (이런 점에서 로봇세가 혁신을 가로막는다는 반대는 번지수를 잘못 짚었습니다. 왜냐하면 로봇세의 중요한 효과 가운데 하나가 바로 혁신의 속도를 조정하는 것이니까요.)

더 중요한 효과는 따로 있습니다. 로봇세는 대량 실업, 소비 감소 같은 4차 산업혁명의 부작용을 상쇄할 수 있는 다양한 정책의 재원(財源)으로 사용할 수 있습니다. 예를 들어 전 세계적으로 관심을 받고 있는, 모든 시민에게 조건 없이 상당한 액수의 돈을 똑같이 쥐어 주는 '기본 소득(basic income)' 같은 제도가 로봇세를 통해서 가능해집니다.

2017년 프랑스 대선에서 사회당 후보였던 브누아 아몽Benoit Hamon의 구상이 바로 이것이었습니다. 그는 소득 불균형을 해소할 대안으로 모든 시민에게 (시장에서 소비 능력을 키울 수 있는) 600~700유로(약 78만~91만 원)의 기본 소득을 지급하는 정책을 마련하고, 그 재원을 로봇의 사용으로 창출되는 부에 세금을 부과하는 일종의 로봇세를 통해 마련하자고 제안했지요.

부유한 사람, 가난한 사람 구분 없이 모든 시민에게 똑같은 돈을 나눠 주는 기본 소득이 못마땅하다면 다른 식의 해법도 가능합니다. 사회적 합의를 거쳐 로봇세로 마련한 재원으로 로봇이 대체할 수 없는 꼭 필요한 일자리의 임금을 높이는 것이지요. 아동 보육이나 노인 부양에 종사하는 노동자의 임금을 대학교수나 대기업 노동자만큼 높인다면 어떻게 될까요?

100만 원대 초반의 어린이집 교사나 요양 보호사 월급을 300만 원 혹은 좀 더 파격적으로 500만 원 수준으로 올린다면 아동 보육이나 노인 부양의 질이 획기적으로 개선되지 않을까요? 4차 산업혁명의 결과로 '사람이 사람을 보살피는 일'이 대접을 받는 세상이 된다면 그것이야말로 두 손을 들어서 환영할 일이죠.

4차 산업혁명의 전도사 빌 게이츠가 로봇세를 주장하는 이유도 바로 이런 '인간미' 있는 로봇 세상을 꿈꾸기 때문입니다. 그의 꿈은 과연 현실이 될 수 있을까요? 4차 산업혁명은 3차 산업혁명의 부작용을 극복할 수 있을까요? 여러분이 기성세대가 되는 30~40년 뒤의 세상이 어떻게 변해 있을지 벌써부터 기대가 됩니다.

📖 겹쳐 읽기

173쪽 〈실리콘밸리는 왜 아날로그에 열광할까〉에서는 디지털 기술이 세상을 지배하는 상황 속에서 오히려 돋보이고 주목받는 아날로그의 가치를 확인할 수 있습니다. 디지털과 아날로그를 어떻게 조화시킬 수 있을지는 우리의 새로운 과제입니다.

📖 확장해서 읽기

◎ 인공지능 로봇의 등장이 생산과 소비를 아우르는 경제활동에 어떤 영향을 미칠지 알고 싶다면
  ☞ 마틴 포드, 이창희 옮김, 『로봇의 부상』(세종서적, 2016)

◎ 일자리 고갈, 불안정 노동 확산 등의 사회문제를 해결하는 대안으로 거론되는 '기본 소득'과 '기초 자본'이 무엇인지 알고 싶다면
  ☞ 김만권, 『열심히 일하지 않아도 괜찮아!』(여문책, 2018)

◎ 기술 혁명으로 인해 보통 사람들의 일자리가 사라지는 현실의 심각성을 확인하고, 미래 세대를 위해 무엇을 준비해야 하는지 고민하고 싶다면
  ☞ 앤드루 양, 장용원 옮김, 『보통 사람들의 전쟁』(흐름출판, 2019)

실리콘밸리는
왜 아날로그에 열광할까

아날로그는
'구식'이라고?

아날로그가 가진 '특별한 어떤 것'

몇 년 전에 1년간 미국 캘리포니아주 남부의 한 도시에서 살 기회가 있었습니다. 난생처음 해 보는 장기 해외 체류를 준비하는 과정이 만만치 않았지요. 마지막까지 골머리를 썩인 일 가운데 하나는 바로 책이었습니다. 미국에 가면 당연히 영어책을 읽는 게 맞지만, 아무래도 한글로 쓰인 책이 편하지요. 더구나 국내 저자의 책은 한국어로 된 책을 읽을 수밖에 없고요.

아무튼 우여곡절 끝에 책장에 있는 책 가운데 자주 찾아보는 책, 또 미국에서 틈날 때마다 읽을 책 등을 추려서 200권을 스캔해 개인 소장용 전자책을 만들었습니다. 덕분에 복잡한 책장에 여유도 생겼지요. 산더미 같은 책 200권이 손톱만 한 USB 메모리에 들어가는 걸 보니 마음도 뿌듯해지더군요.

그렇게 미국에서 1년간 지내는 동안 틈틈이 한국에서 가져간 전자책을 읽었습니다. 한국에서처럼 분주하지 않았던 터라서 절반 이상은 읽었을 거예요. 그런데 참으로 이상한 일이지요? 보통 한 번 읽은 책 내용은 이것저것 잘 기억하는 편인데, 미국에서 읽은 그 책들은 도무지 내용이 생각나지 않습니다. 전자책이라서 평소와 달리 책에 밑줄도 마음대로 긋고, 메모도 해 가면서 꼼꼼히 읽었는데 말이지요.

그런 경험을 하고 한국에 돌아오고 나서 가능하면 종이책을 읽습니다. 휴대전화나 태블릿으로 전자책을 보는 일이 편하긴 하지만 종이책에 비하면 확실히 못마땅한 구석이 있습니다. 특히 집중해서 읽어야 할 책은 더욱더 그렇지요. 저에게는 전자책이 채워 주지 못하는 종이책만의, 딱 부러지게 말할 수 없는 '특별한 어떤 것'이 분명히 있습니다. 아날로그만의 매력이지요.

왜 온라인 쇼핑몰은 돈을 못 벌까

요즘을 '디지털 시대'로 부르는 일은 당연하다 못해 식상하게 느껴집니다. 그런 디지털 시대에 확대경을 들이대 보면 이해할 수 없는 일이 곳곳에서 벌어지고 있답니다. 최근 들어 가장 놀랄 만한 사건은 지난 2017년 6월 16일 세계 최대의 전자 상거래 업체 아마존닷컴(이하 '아마존')이 홀푸드마켓을 137억 달러(약 15조 900억 원)에 인수한 일입니다. 세계 최초의 인터넷 서점 아마존은 다들 알 테니, 홀푸드마켓이 어떤 기업인지 살펴볼까요? 홀푸드마켓은 미국 곳곳에 오프라인 매장을 둔 유기농 먹을거리 유통 업체입니다.

세상의 모든 것을 집까지 배달해 주는 아마존이 유기농 먹을거리를 파는 오프라인 매장을 인수한 일이 선뜻 이해가 안 가지요? 더구나 홀푸드마켓은 미국인에게는 상당히 특별한 기업입니다. 왜냐하면 홀푸드마켓에서 먹을거리를 구매하는 일은 미국에서는 가장 세련된 일로 통하거든요. 홀푸드마켓이 중산층 이상이 거주하는 부자 동네에 들어선 것도 이 때문이고요.

그렇다면 도대체 디지털 기업 아마존은 아날로그 냄새가 나는 홀푸드마켓을 왜 인수했을까요? 가장 큰 이유는 바로 '이윤' 때문입니다. 전자 상거래를 통해서 이윤을 내는 일은 엄청나게 어렵습니다. 1995년 서비스를 시작한 아마존은 20년 동안 책을 비롯한 수많은 제품을 온라인에서 팔았지만 뚜렷한 이익을 내기 시작한 건 비교적 최근의 일입니다. 예를 들어 2016년 아마존의 매출은 1,360억 달러(약 150조 원)에 달하지만, 순이익은 24억 달러(약 2조 6,400억 원)로 2%도 채 되지 않습니다.

그나마 이런 순이익도 유통 부문에서 나온 것이 아니라 2002년부터 본격적으로 시작한 아마존 웹 서비스(AWS)에서 나왔어요. 오죽하면 "아마존은 도저히 이익을 낼 수 없는 가격으로 물건을 팔고 있다"며 "아마존은 소비자에게 혜택을 주기 위해 투자자 집단이 운영하는 자선단체"라는 비아냥거림까지 받겠어요.

전자 상거래에서 이윤을 못 내는 까닭은 조금만 생각하면 짐작할 수 있어요. 아마존은 상당수 주문에 '무료 배송' 혜택을 줍니다. 하지만 실제로 배송에는 돈이 들지요. 아마존은 소비자를 잡아 두고자 배송에 들어가는 엄청난 비용을 지불합니다. 무료 배송 등으로 시장 점유율을 충분히 확보해서 모든 경쟁사를 무너뜨리려는 것이지요. 전형적인 '출혈 경쟁'입니다.

우리나라도 쿠팡, 티몬, 위메프, 11번가 등의 전자 상거래 업체가 아마존과 똑같은 전략을 취하고 있어요. 이익은커녕 계속 손해를 보면서도 더욱더 싼 가격, 무료 배송, 빠른 배송 등을 내세우며 출혈 경쟁을 합니다. 이 경쟁에서 버티지 못하는 기업이 망하면 시장을 독차지하리라는 기대 때문이지요.

반면에 홀푸드마켓과 같은 업체의 전략은 정반대입니다. 홀푸드마켓을 방문하는 소비자는 인터넷을 통해서 똑같은 상품을 더 싸게 살 수 있는데도 기꺼이 매장에서 지갑을 엽니다. 홀푸드마켓에서 소비하는 일은 단지 물건을 사는 행위가 아니라 '나는 미국의 성공한 중산층이야!' 이렇게 남에게 티 낼 수 있는, 어깨가 으쓱해지는 일이기 때문이지요.

미국의 번화한 쇼핑몰마다 볼 수 있는 '애플 스토어'도 마찬가지입니다. 스티브 잡스Steve Jobs가 2001년 애플 스토어를 처음 선보였을 때만 해도 업계의 반응은 차가웠어요. 미국판 하이마트라고 볼 수 있는 '베스트바이(Best Buy)' 같은 할인 매장, 인터넷 쇼핑몰 등 값싸게 애플 제품을 살 수 있는 곳이 가득한데 사람들이 애플 스토어를 방문할 이유가 없다는 것이지요.

하지만 결과는 정반대였습니다. 애플 스토어는 해마다 1제곱피트(약 0.09m²)당 거의 5,000달러를 벌어들이는, 전 세계에서 가장 성공한 매장입니다. 매년 수억 명의 소비자가 애플 스토어를 방문합니다. 심지어 애플 스토어가 애플 컴퓨터나 아이폰을 다른 곳보다 싸게 파는 것도 아닌데 소비자는 기꺼이 이곳에서 지갑을 엽니다. 애플 스토어가 독특한 소비 경험을 제공하기 때문이지요.

마침 우리나라에서도 의미심장한 사례가 있습니다. 인터넷 서점 '알라딘'은 2011년 9월에 헌책을 거래하는 중고 서점을 서울 종로구에 내면서 수익을 내기 시작했습니다. 서울을 비롯한 전국 곳곳에 중고 서점을 연 알라딘은 아예 여기서 헌책뿐만 아니라 새 책도 파는 것을 모색 중입니다. 어떻습니까?

쿨(cool)한 세대가 주도하는 레코드판의 부활

혹시 턴테이블에 레코드판(LP)을 올려놓고 직직거리는 음악을 들어 본 적이 있나요? 제가 어릴 때만 하더라도 가끔 어머니, 아버지가 턴테이블에 레코드판을 올려놓고 음악을 틀곤 하셨어요. 하지만 저는 레코드판을 구매해 본 적은 없습니다. 십 대(1990년대)부터 CD를 사기 시작했고, 지금은 음원을 구매(다운로드)하거나 스트리밍 서비스를 이용하니까요.

이렇게 레코드판은 디지털 시대와 함께 사라지는 듯했어요. 그런데 북아메리카와 유럽을 중심으로 이상한 일이 진행 중입니다. 미국의 통계를 보면, 레코드판의 판매량은 2007년 99만 장에서 2015년 1,200만 장 이상으로 늘었고, 연간 성장률은 20%를 웃돕니다. 레코드판 판매액은 전체 음악 판매 수입의 25%에 가까워요.

물론 음악 산업의 관점에서 레코드판의 재유행은 아직 무시할 만합니다. 레코드판이 2007년 이후 극적인 성장을 했지만, 여전히 음악 산업에서 차지하는 비중은 10% 미만에 불과하니까요. 하지만 상대적으로 가격이 비싼 레코드판은 다운로드, 스트리밍, 심지어 CD 판매보다도 수익이 높아요. 특히 중요한 사실은 레코드판의 소비층에 있습니다. 지금 레코드판을 사고자 주머니를 여는 이들은 추억을 갈구하는 사십 대 이상이 아니라 18~24세입니다. 2015년 영국에서 레코드판 구매자의 절반 이상이 25세 미만이었어요. 난생처음 레코드판을 접한 젊은 세대가 직직거리는 아날로그 음악 매체에 주목하고 있다는 것이지요. 무슨 사정일까요?

짐작할 수 있는 가장 중요한 이유는 레코드판 소비가 '쿨(cool)' 하기 때문이지요. 사십 대 이상의 부모 세대가 아이폰으로 음악을 듣고, 페이스북을 하기 시작하면서 정작 그 아래 세대는 기성세대 와 다른 유행을 찾기 시작했습니다. 사십 대 이상에게 레코드판이 구닥다리 음악 매체라면, 25세 미만의 젊은 세대에게는 이 아날로 그 매체 자체가 처음 접하는 '신기한' 것이지요.

이 때문일까요? 최근에 일부 유명 가수는 새 앨범을 낼 때 레코 드판으로도 발매하기 시작했어요. 가수 입장에서 레코드판은 다운 로드, 스트리밍 등에 비해 수익에서 차지하는 몫이 훨씬 더 클 뿐만 아니라 디지털로 전할 수 없는 (가공되지 않은) 아날로그만의 자연스 러운 음악을 전달할 수 있으니까요.

어쩌면 우리는 디지털 시대에, 아날로그 음악의 대명사이던 레코 드판이 화려하게 부활하는 모습을 지켜봐야 할지 모릅니다. 그러고 보니, 들고 다니는 휴대전화에 성능 좋은 카메라가 붙어 있는데도 여전히 로모 카메라, 폴라로이드 카메라 같은 필름 카메라로 사진 을 찍는 이들도 있군요.

아날로그에 열광하는 디지털 전사

살펴볼 곳이 한 군데 더 있습니다. 지금 디지털 세상을 만드는 곳 은 미국 캘리포니아주의 실리콘밸리입니다. 이곳에 구글, 페이스북,

애플 등이 모여 있지요. 그런데 지금 아날로그에 가장 열광하는 이들도 바로 이곳에 근무하는 이들입니다. 실리콘밸리에서 시작된 디지털 혁명이 전 세계를 강타하고 있는데, 정작 이들은 아날로그에 열광하는 기묘한 모습이 연출되고 있습니다.

이런 식입니다. 실리콘밸리에서 일하는 이들이 회의할 때 책상 위에는 아이패드 같은 태블릿 대신에 종이 노트가 있습니다. (이들이 가장 선호하는 노트는 어니스트 헤밍웨이Ernest Hemingway, 브루스 채트윈Bruce Chatwin 같은 작가가 사용했다고 홍보하는 '몰스킨' 브랜드 제품입니다. 하지만 정확히 말하면 몰스킨 노트는 그런 작가들이 쓰던 노트의 모양과 이미지를 차용한 제품입니다.)

실리콘밸리의 한 성공한 디지털 기업 옐프(Yelp)의 사례도 있습니다. 이곳은 본사를 다시 꾸미면서 화이트보드 대신에 디지털 스마트보드를 도입하려다 말았습니다. 왜냐하면 프로그래머 등 엔지니어들이 화이트보드가 없는 환경에 극도로 거부감을 보였기 때문입니다. 아이디어가 떠오르는 대로 마음껏 써 놓을 수 있는 화이트보드가 꼭 필요하다고 했다는군요!

실리콘밸리의 또 다른 아날로그 유행은 '명상'입니다. 애플의 스티브 잡스가 명상 애호가였다는 것은 잘 알려진 사실이지요. 심지어 성공한 디지털 기업 어도비(Adobe)는 회사 안에 명상 공간을 제공하고 있습니다. 어도비 직원은 업무 중에 팀을 짜거나 개인적으로 이곳에 들어가 조용히 명상을 즐기곤 합니다.

좀 더 자세히 들여다보면 모순투성이입니다. 잡스는 자신이 만든 아이패드를 자녀들이 가지고 놀지 못하게 했습니다. 또 『롱테일 경제학』의 저자이자 디지털 사상가인 크리스 앤더슨^{Chris Anderson}은 자녀의 '테크놀로지' 이용 시간에 제한을 두었어요. 트위터의 공동 창업자인 에번 윌리엄스^{Evan Williams}는 책으로 가득 찬 서재를 둔, '테크놀로지 없는 집'에서 삽니다.

이렇게 디지털 혁명의 최전선에 있는 이들이 오히려 디지털을 멀리하고 아날로그를 예찬하는 상황을 어떻게 해석해야 할까요? 어쩌면 그들이 삶의 진실을 포착했기 때문일지도 모릅니다. 디지털 세상은 1과 0으로 구성됩니다. 그들은 그런 1과 0을 조합해서 엄청난 수익을 남기고, 또 개인적으로는 상상할 수 없을 만큼의 부를 축적했습니다.

하지만 우리가 살아가는 세상은 1과 0으로 환원될 수 없습니다. 우리가 살아가는 세상은 어쩔 수 없는 '아날로그'이기 때문입니다. 더구나 그런 아날로그 세상에 발을 딛고 서 있지 않고서는 1과 0으로 이뤄진 디지털 세상은 단 한순간도 유지될 수 없습니다. 컴퓨터나 스마트폰에 전원을 연결해서 켜는 일은 디지털이 아니라 아날로그니까요.

모두가 디지털 세상에서 헤어 나오지 못할 때, 정작 그것을 만든 사람들은 오히려 아날로그의 중요성을 간파하고 그 가치를 삶에서 실천하고 있습니다. 혹시 우리도 게임, 페이스북이나 인스타그램 같은 소셜 미디어 등에 시간을 허비할 게 아니라 오히려 아날로그의 가치에 좀 더 관심을 가져야 하는 게 아닐까요?

이참에 딱 세 가지를 실천해 보는 걸 제안합니다. 첫째, 백지 노트를 한 권 사서 가지고 다니며 떠오르는 아이디어나 해야 할 일을 메모하기. 둘째, 책을 골라서 친구랑 나눠 읽고 토론하기. 셋째, 아침에 일어나거나 저녁에 자기 전에 숨을 깊게 들이쉬고 내쉬며 명상해 보기. 어쩌면 이런 아날로그 실천이 여러분의 인생을 바꿀지 모릅니다.

📖 겹쳐 읽기

161쪽 〈4차 산업혁명의 그늘, '로봇세'로 막자〉에서는 인공지능, 빅데이터 등 과학기술의 발달이 오히려 우리의 삶의 토대를 뿌리째 흔들 수 있음을 확인할 수 있습니다. 새로운 과학기술과 우리가 지켜야 할 가치를 조화시키는 일이야말로 지금 가장 시급히 고민해야 할 일입니다.

📖 확장해서 읽기

◎ 디지털 시대에 새롭게 각광받고 있는 아날로그의 본질과 가치를 되새기고 싶다면
　☞ 데이비드 색스, 박상현·이승연 옮김, 『아날로그의 반격』(어크로스, 2017)

◎ 인간이 디지털 기술의 노예가 아닌 주인이 되는 방법을 모색하고 싶다면
　☞ 니콜라스 카, 이진원 옮김, 『유리 감옥』(한국경제신문사, 2014)

비트코인 열풍,
손가락 말고 달을 보자!

> " 암호화폐는
> 거품일 뿐일까? "

평범한 대학생이 청년 부자가 된 사연

몇 달 전, 일면식도 없는 한 대학생이 보낸 메일을 받고서 깜짝 놀랐습니다. 제목은 '강양구 기자님, 고맙습니다!' 궁금한 마음에 읽어 보고 입이 딱 벌어졌습니다. 사연은 이렇습니다.

그 학생은《고교독서평설》의 정기 구독자였습니다. 그는 2014년 2월호《고교독서평설》에 제가 썼던 비트코인 소개 글(「은행도 정부도

국경도 없는 '돈', 비트코인을 아십니까?」)을 읽고서 처음 암호화폐의 존재를 알았다고 해요. 대학생이 되고 나서는 아르바이트를 해서 모은 돈으로 비트코인을 조금씩 샀고요. 마침 그 당시는 비트코인이 폭락할 때였지요.

그 대학생은 나중에는 비트코인뿐만 아니라 이더리움 같은 새롭게 등장한 다른 암호화폐에도 관심을 가지게 되었답니다. 그 관심의 연장선상에서 새로운 암호화폐도 주머니 사정이 허락하는 대로 조금씩 모았고요. 알다시피 암호화폐 열풍이 한창이었던 2018년 초(1월 1일 기준), 1비트코인은 2,000만 원이 넘고 1이더리움은 200만 원이 넘었습니다.

이 학생은 덕분에 나이에 걸맞지 않은 상당한 자산가가 되었습니다. 이제 대학교를 1년간 휴학하고 세계 여행을 다녀올 계획이라고 하는데, 여행을 준비하다가 문득 "고맙다"는 인사를 해야겠다는 생각이 들어서 메일을 보냈다는 겁니다. 《고교독서평설》을 열심히 읽고서 이십 대에 부자가 된 사연, 정말로 깜짝 놀랄 만한 얘기지요?

암호화폐의 또 다른 얼굴, '혁신'

비트코인, 이더리움 등 가상화폐 혹은 암호화폐(cryptocurrency)를 놓고서 세상이 떠들썩합니다. 그럴 만합니다. 2017년 한 해 동안, 1개에 100만 원 정도 하던 비트코인은 2,000만 원이 됐고, 1개에 1만 원 정도 하던 이더리움은 100만 원이 되었으니까요. 만약

2017년 연초에 10만 원으로 이더리움 10개를 샀다면, 연말에는 1,000만 원이 되었겠지요.

뒤늦게 노다지라도 본 듯 여럿이 투기에 뛰어들면서 급기야 한국 정부가 거래 실명제를 비롯해 강도 높은 규제를 말하기에 이르렀습니다. 하지만 우리 정부가 아무리 규제의 목소리를 높여도 암호화폐 열기는 쉽게 가라앉지 않았습니다. 한국뿐만 아니라 전 세계가 암호화폐에 열광하는 상황에서 우리 정부의 규제에는 한계가 있을 수밖에 없었지요.

그렇다면 왜 전 세계가 이렇게 암호화폐에 열광했던 것일까요? 맞습니다. 분명히 '광풍'에 가까운 투기의 모습이 있습니다. 실제로 암호화폐가 아닌데도 가짜 화폐를 만들어서 돈을 버는 사기꾼이 등장했을 정도니까요.

하지만 천정부지로 치솟은 암호화폐의 거품도 몇 번의 가격 폭락이 이어지며 급격히 사그라들었습니다. 2018년 초 개당 2,000만 원 이상 했던 비트코인 가격은 그해 연말 400만 원 안팎까지 떨어졌지요. 그러면서 많은 사람들이 순식간에 투자금을 날리는 큰 손해를 입었습니다. 이는 암호화폐의 기술적 가치에 대한 기대감보다는, 일확천금을 노린 이들의 한탕주의 심리가 반영된 결과지요. 자신이 어떤 암호화폐에 투자하는지에 대한 지식이 전혀 없는 채로 큰돈을 덜컥 투자한 사람들이 많았거든요. 암호화폐 열풍을 두고 도박판 같다는 우려가 쏟아진 것도 이 때문입니다.

하지만 암호화폐를 돈벌이 수단으로 보는 시각에서 벗어나 그 기술적 본질에 집중한다면, '혁신'의 모습이 눈에 들어옵니다. 비트코인, 이더리움 같은 암호화폐의 기반이 되는 블록체인(blockchain) 기술은 세상을 바꿀 수 있는 잠재력이 있거든요. 심지어 10년, 20년 뒤에는 지금의 인터넷에 버금갈 정도로 블록체인 기술이 세상의 모습을 바꾸리라는 예측까지 나옵니다. 이 자리에서는 그런 혁신에 초점을 맞춰 볼 생각입니다.

블록체인이 바꾸는 기가 막힌 미래

항상 낯선 것은 두려운 법입니다. 이제 암호화폐의 근간이 되는 블록체인 기술이 무엇인지부터 살펴보지요. 우리는 어떤 거래를 할 때 항상 그 거래를 보증하는 제3의 기관을 상정합니다. 예를 들어 A가 B에게 돈을 송금할 때는 그 가운데 은행이 있습니다. 은행에는 A와 B뿐만 아니라 모든 거래 내역이 저장되어 있습니다. 마찬가지로 A와 B가 땅을 거래할 때는 그 가운데 등기소가 있지요. 당연히 등기소에는 A와 B 사이의 거래 내역이 기록되어 있습니다.

이렇게 제3의 기관이 필요한 이유는 A와 B가 서로 믿지 못하기 때문입니다. A가 B에게 100만 원을 줬다고 해 보지요. A가 실제로는 100만 원만 주고서도 200만 원을 줬다고 거짓말을 할 수 있고, B는 100만 원을 받고서 돈을 받은 적이 없다고 우길 수도 있습니다. 그래서 은행이 A와 B 사이의 거래를 보증하고 그 증거를 기록으로 가지고 있는 겁니다.

그런데 이런 거래는 항상 위험이 따릅니다. A가 B에게 100만 원을 은행에서 송금했을 때, 천재 해커가 은행의 전산망을 뚫은 다음에 이 내역을 감쪽같이 삭제하거나 50만 원만 송금했다고 조작하는 일이 이론적으로는 가능합니다. 물론 현실적으로는 은행의 이중 삼중으로 된 방화벽을 뚫기도 어렵고, 거래 내역도 따로 저장되어 있지만요.

최악의 상황에는 아예 거래 내용 자체가 사라질 위험도 있습니다. 예를 들어 전쟁이 나서 은행의 거래 내용을 저장한 곳이 폭격을 받는다면 어떨까요? 실제로 6·25전쟁 등을 거치며 토지의 거래 내용 등이 담긴 문서가 사라지면서 남의 땅을 자기 땅이라고 우기는 사기 행각이 있었지요.

블록체인 기술은 이런 위험으로부터 자유롭습니다. 왜냐하면 A와 B가 거래한 내역을 A와 B뿐만 아니라 C, D, E 등 같은 블록체인 네트워크에 참여하는 이들 모두가 사본으로 나눠서 보관하기 때문입니다. 이런 거래 내역이 빼곡히 채워지는 영역이 블록(block)이고, 이런 블록이 사슬(chain)처럼 연결되어 있다고 해서 이름도 '블록체인'입니다.

이렇게 거래 내역을 블록체인 네트워크에 참여한 모두가 공유하면 두 가지 장점이 있습니다. 첫째, 앞서 언급한 거래 정보의 분실혹은 조작 위험으로부터 자유롭습니다. A, B, C, D, E 등 블록체인 네트워크에 참여한 모두의 정보를 모조리 삭제하거나 수정해야 하는데 그런 일은 사실상 불가능합니다. 네트워크가 커지면 커질수록 그렇지요.

둘째, 블록체인 네트워크에서는 거래를 보증하는 은행 같은 제3의 기관이 필요가 없어요. 거래 정보를 모두가 나눠서 공유하고 있으니 굳이 그런 거래를 보증하고 저장하는 기관이 따로 필요할 리가 없습니다. 비트코인이나 이더리움 같은 암호화폐의 발행 기관이 따로 없는 것도 바로 이 때문입니다.

이것은 대단한 변화입니다. 은행이나 등기소는 돈이나 땅 같은 가치를 가진 자산의 거래를 보증하고 그 내용을 저장하는 데 엄청난 자원을 들입니다. 그리고 그 대가로 중간에서 막대한 이익을 취합니다. 한국은행이 원화를 발행하고 관리하는 일도 마찬가지입니다. 한편으로는 엄청난 자원을 쏟아붓고, 다른 한편으로는 막강한 권력을 행사하지요.

블록체인에 기반을 둔 여러 가지 네트워크가 현실이 되면 마치 발행 기관 없는 암호화폐가 아무런 문제없이 수년째 유통되는 것처럼 은행, 등기소, 혹은 정부 같은 제3의 기관 없이도 가치의 거래가 다양한 방식으로 이뤄질 수 있습니다. 인터넷을 통해서 정보의 유통이 자유로워졌다면, 블록체인은 가치의 유통을 혁신합니다.

등기소 없는 세상, 언론사 없는 언론

아직도 감이 안 오나요? 블록체인이 가능하게 할 미래를 놓고서 상상의 나래를 펼쳐 봅시다. 블록체인으로 가장 먼저 해 볼 수 있는 일은 부동산 거래의 혁신입니다. 블록체인 기술을 응용하면 굳이 등기소에서 엄청난 비용을 들이며 온갖 부동산 거래를 보증하고, 또 엄청난 자원을 들여서 기록을 보관할 이유가 없어요. 거래할 때마다 블록체인에 정보가 기록될 테고, 그 기록의 조작 가능성은 없으니까요.

심지어 투표 시스템의 혁신도 가능합니다. 대통령(5년), 국회의원(4년), 지방자치단체장과 지방의회(4년) 등 민주주의의 근간이 되는 선거를 치르는 데는 엄청난 비용이 듭니다. 당장 선거만 전담하는 선거관리위원회가 있습니다. 더구나 선거 때마다 혹시 부정선거가 있는 것은 아닌지 눈에 불을 켜야 하고, 그 결과를 아는 데도 시간이 걸립니다.

만약에 투표 블록체인 네트워크에 전 국민의 휴대전화를 연결한 다음, 한 표를 행사하도록 하면 어떨까요? 그 선택은 신원을 알 수 없도록 암호로 블록에 기록됩니다. 그렇다면 투표가 끝나고 곧바로 결과를 모두가 확인할 수 있겠지요. 투표 조작도 불가능합니다. 전 국민의 휴대전화를 동시에 조작하는 일이 어떻게 가능하겠어요?

블록체인 기술은 에너지 전환과도 떼려야 뗄 수가 없습니다. 문재인 정부가 확대하려는 태양광 에너지 같은 재생 가능 에너지를 활용하면 비교적 적은 비용으로 집집마다 전기를 생산할 수 있습니다. 그런데 저마다 필요한 전기는 다르지요. 만약 자신이 생산한 전기 가운데 쓰고 남은 전기를 자유롭게 사고팔 수 있다면 어떨까요?

블록체인 기술을 응용하면 개인 간 전기를 사고파는 일이 가능해집니다. A가 지붕의 태양광 발전기에서 생산한 전기 가운데 쓰고 남은 전기를 B가 사 간다면 그 기록은 고스란히 에너지 블록체인 네트워크에 남습니다. 거래를 보증하는 별도의 기관도 필요 없지요. 중간에 이문을 남기는 거간꾼이 없으니 효율적일 뿐만 아니라, 공급자와 소비자가 가져가는 몫도 큽니다.

어떤가요? 이렇게 블록체인 기술의 응용 분야는 무궁무진합니다. 이미 현실이 된 예도 있어요. 블록체인 네트워크 가운데 스팀잇(steemit.com)이 있습니다. 스팀잇은 블로그 서비스입니다. 이 네트워크에 참여한 이들은 자신의 관심사에 따라서 다양한 글을 자유롭게 그곳에 올립니다. 여기까지는 흔한 블로그 서비스와 차이가 없습니다.

그런데 블로그 공동체에서 글을 쓰고(생산), 또 좋은 글에 추천(소비)을 하면 '스팀'과 같은 암호화폐를 정해진 비율에 따라서 지급받습니다. 그리고 이렇게 받은 암호화폐는 비트코인이나 이더리움으로 환전할 수 있습니다. 당연히 원화로도 교환되고요. 즉 콘텐츠를 생산하고 소비하면 거기에 맞춤한 보상이 있는 것이지요.

스팀잇을 직접 경험한 이들의 이야기를 들어 보면 그야말로 별

천지입니다. 한 이용자는 세계 여행을 하면서 틈틈이 자신의 여정을 블로그에 기록합니다. 그 글을 기록할 때, 또 그 글에 공감한 이들이 추천을 할 때 보상이 있겠지요? 이 이용자는 바로 그 보상을 여비로 사용해서 여행을 계속합니다. 어떻게 이런 일이 가능한지 신기하지요?

그렇다면 블록체인 기술을 이용한 언론도 가능하지 않을까요? 맞습니다. 새로운 개념의 언론 플랫폼 '시빌(Civil)'이 최근 출범했습니다. 기자가 작성한 기사가 블록체인의 블록에 저장되고, 그 기사를 읽고 싶은 독자가 정당한 대가를 지불하면 기사 열람이 가능합니다. 당연히 그 대가도 블록에 저장되지요. 기자나 타인이 기사를 마음대로 수정하는 일은 불가능합니다.

기사를 발행하는 언론사는 없습니다. 검열로부터도 자유롭습니다. 여러 사람이 공감하는 좋은 기사를 쓴 기자는 많은 보상을 가져가고, 더 좋은 기사를 쓸 수 있습니다. 가짜 기사나 틀린 기사를 쓴 기자는 자신의 기사에 책임을 져야 할 뿐만 아니라 독자로부터 보상을 받을 수 없기 때문에 퇴출됩니다.

블록체인 기술을 기반으로 하는 시빌의 저널리즘 실험은 시작 전부터 많은 주목을 받았습니다. 그 때문에 많은 돈과 인력이 몰려들었지요. 암호화폐 가운데 하나인 이더리움의 탄생에 기여한 조셉 루빈은 2017년 10월 "저널리즘을 기자와 독자에게 돌려주려는 시도"라며 시빌 플랫폼에 500만 달러(약 55억 원)를 투자했습니다. 시빌 플랫폼은 자유롭게 기사를 올릴 기자를 모집해서 2018년 상반기에 서비스를 시작했습니다.

이 같은 뉴스 서비스는 아직 초기 단계이고, 지속 가능한 서비스 모델로 정착하려면 수많은 시행착오를 거쳐야겠지요. 하지만 블록체인 기술은 여러 산업에서 기존의 관행을 바꾸길 원하는 이들에게 폭넓은 상상력을 불어넣고 있음이 분명합니다.

블록체인 혁명가의 탄생

2014년 초《고교독서평설》에 비트코인과 암호화폐를 소개할 때만 하더라도 이 암호화폐가 이토록 전 세계의 주목을 받을 줄은 상상도 못 했습니다. 심지어 비트코인을 여러 차례 소개하면서도 그것을 사 둘 생각조차 하지 못했지요. 하지만 제게 메일을 보낸 친구는 비트코인과 암호화폐의 잠재력을 알아보고 계속해서 관심을 가졌고, 그 덕에 부자가 되었습니다.

앞서 말했듯이, 한 차례 거품이 빠지면서 암호화폐를 둘러싼 투기 열풍은 잦아들었습니다. 하지만 장담컨대 블록체인 기술이 가져올 새로운 변화는 앞으로도 끊임없이 화제가 될 것입니다. 어쩌면 앞으로 몇 년 뒤, 이 글을 읽은 또 다른 이가 블록체인을 이용해서 세상을 깜짝 놀라게 할지도 모릅니다. 어떤 활약상이 펼쳐질지 벌써부터 설렙니다.

🔖 확장해서 읽기

◎ 최근 업계의 흐름 및 최신 연구 결과를 통해 블록체인이 가져올 변화를 살펴보고 싶다면

   ☞ 돈 탭스콧·알렉스 탭스콧, 박지훈 옮김, 『블록체인 혁명』(을유문화사, 2018)

◎ 블록체인과 암호화폐의 역사, 기본 원리와 응용 분야 등을 알고 싶다면

   ☞ 애덤 로스타인, 홍성욱 옮김, 『암호화폐, 그 이후』(반비, 2018)

그는 내게 반했을까?
데이러는 안다!

> **빅데이러는
> 어디까지 알고 있을까?**

데이트에 성공하는 대화의 패턴, 데이러가 알려 준다!

십 대가 되면 좋아하는 이성 친구가 생기게 마련입니다. 혹시 이런 경험을 해 본 적이 있나요? 마음에 두던 이성 친구와 둘이서 대화를 나눌 기회를 어렵게 만들었습니다. 이런저런 대화를 나눴는데 마음이 개운하지 않습니다. 상대방이 그 대화를 즐거워했는지 도무지 알 수 없으니까요. 더 나아가 그 이성 친구가 나한테 관심이 있는지도 궁금합니다.

요즘 과학자들은 남녀 간의 대화만 분석하면 서로가 상대에게 호감이 있는지 파악할 수 있다고 주장합니다. 이런 식입니다. 미국에서는 서로 처음 보는 여러 남녀가 짧은 시간 번갈아 가면서 대화를 나누는 '스피드 데이트'가 청춘 남녀 사이에서 인기입니다. 주어진 몇 분간의 대화에서 서로 좋은 인상을 주고받은 남녀가 정식으로 데이트 약속을 하면 성공!

과학자 몇몇은 바로 이 스피드 데이트에서 남녀 사이에 오간 대화 내용을 모조리 모았습니다. 그러고 나서 남녀 간에 어떤 대화가 오갔을 때 스피드 데이트가 성공으로 이어졌는지를 확인했지요. 그랬더니 놀랍게도 공통의 패턴이 드러났습니다.

이런 놀랄 만한 일을 가능케 하는 분야가 요즘 각광을 받고 있는 '데이터과학'입니다. 이 자리에서는 데이터과학의 밝은 면과 어두운 면을 살펴보겠습니다. 도대체 어떤 대화가 남녀 간의 긍정적인 신호인지 궁금하다고요? 그 답은 데이터과학의 이모저모를 살피고 나서 알려 줄게요.

빅데이터가 보여 주는 삶의 진실

데이터과학자의 연구 대상은 '빅데이터(big data)'입니다. 빅데이터는 말 그대로 '아주 많은 데이터'예요. 하지만 단지 많은 양이 빅데이터의 특징은 아니에요. 과거의 데이터는 수집 목적에 따라 미리 정해진 규칙에 맞춰서 생산된 것이었어요. 예를 들어 한 고등학교에 수십 년간 누적된 졸업생의 대학 수학 능력 시험 성적 같은 것이지요.

빅데이터는 질적으로 다릅니다. 지금은 대한민국의 모든 고등학교에서 수십 년간 축적한 졸업 앨범의 사진을 모조리 디지털로 변환해서 데이터로 축적할 수가 있어요. 이 데이터를 분석하면 시대별로 십 대 고등학생이 선호한 사진 포즈나 머리 모양 등을 알아내는 일이 가능합니다. 즉 빅데이터는 양뿐만 아니라 형식도 다양합니다.

빅데이터의 또 다른 중요한 특징은 속도입니다. 요즘은 데이터가 쌓이는 속도가 과거의 데이터와는 비교할 수 없을 정도로 빠릅니다. 이 순간에도 공장, 대형 할인점을 포함한 수많은 상점, 사무실과 같은 일터에서, 또 페이스북이나 유튜브 같은 인터넷 공간에서 다양한 형식의 데이터가 빠른 속도로 쌓이고 있어요.

데이터과학자들은 빅데이터를 이용하면 지금까지와는 다른 방식으로 우리도 미처 몰랐던 삶의 진실을 확인할 수 있으리라고 주장합니다. 예를 들어 구글에서 데이터과학자로 일했던 세스 스티븐스 다비도위츠Seth Stephens-Davidowitz는 수많은 사람이 입력한 구글 검색 데이터를 활용해서 다음과 같은 사실을 알아냈습니다.

2007년 말, 미국에서 시작된 금융 위기가 전 세계를 덮쳤습니다. 은행에서 돈을 빌려 구매한 부동산이 폭락하고, 주식시장이 얼어붙고, 여기저기 실직자가 늘어났습니다. 그 당시 많은 전문가는 이런 경기 침체가 아동에게 미칠 영향을 걱정했어요. 직장을 잃고 돈에 쪼들리는 부모는 본의 아니게 그 스트레스를 어린아이에게 풀 가능성이 있으니까요.

이 때문에 아동 학대가 늘어날 가능성을 놓고서 많은 사람이 조마조마하며 통계를 살폈어요. 하지만 미국의 공식 데이터는 달랐습니다. 우려하던 아동 학대 증가 조짐은 나타나지 않았어요. 심지어 아동 학대 사건이 줄어드는 것처럼 보였지요. 도대체 어찌된 영문이었을까요?

세스는 이런 공식 통계가 믿기지 않았습니다. 그는 구글 검색 데이터를 찾았어요. 구글 데이터는 구글의 검색창에 수많은 사람이 남긴 검색 흔적을 데이터로 가공한 것입니다. 결과는 어땠을까요? 세스는 그의 저서 『모두 거짓말을 한다』에서 이렇게 말합니다. "아이들은 구글에 비극적이고 가슴 아픈 검색을 했다."

'엄마가 나를 때려요!', '아빠가 나를 때려요.' 이런 검색은 2007년 말부터 시작한 경기 침체 기간에 크게 늘었습니다. 세스의 분석은 이렇습니다. 아동 학대가 준 것이 아니라 아동 학대 '신고'가 줄었던 거예요. 경기 침체로 아동 학대 문제를 담당하던 경찰, 교사, 공무원이 일자리를 잃으면서 아동 학대 신고 자체가 어려워졌기 때문입니다. 기가 막힌 삶의 진실이지요?

나보다 나를 더 잘 아는 빅데이터

구글 검색 데이터가 보여 주는 삶의 진실은 이뿐만이 아닙니다. 좀 더 세상 사람들의 의견이 엇갈리는 주제도 살펴볼까요? 남성이 남성에게, 또 여성이 여성에게 끌리는 동성애는 한국뿐만 아니라 미국과 같은 곳에서도 여전히 뜨거운 쟁점입니다. 심지어 미국은 연방대법원이 2015년 6월 26일 '동성 결혼을 막는 일은 위헌'이라고 판결했는데도 일상생활 속 편견은 여전합니다.

다수의 과학자는 동성애 성향이 개인마다 타고난다고 믿습니다. 전체 남성의 5% 정도가 다른 남성과 비교했을 때 동성에 끌리는 경향이 있으리라는 것입니다. 하지만 동성 결혼이 가능해진 미국에서도 공식 통계만 보면 남성의 2~3%만이 동성애자입니다. 그렇다면 진짜 동성애자의 비율은 얼마나 될까요?

남성을 상대로 한 설문 조사를 보면 흥미로운 결과를 확인할 수 있었어요. 동성 결혼 지지 여론이 높은 주(예를 들어 미국 북동부 끄트머리에 위치한 로드아일랜드주)가 지지 여론이 낮은 주(미국 남부 미시시피주)보다 동성애자 비율이 2배 정도 높았습니다. 세스는 이 대목에서 구글 검색 데이터를 살폈어요.

구글 검색 데이터는 충격적인 진실을 보여 줬어요. 미국에서는 남편이 동성애자인지 의심하는 여성이 많았습니다. '남편이 게이인가요?'라는 검색은 놀라울 정도로 흔했어요. 이 질문은 2위인 '남편이 바람을 피우나요?'를 10% 차이로 앞섰고, '남편이 알코올중독인가요?'보다 8배나 많았지요.

더 중요한 사실이 있어요. 남편의 성적 지향을 의심하는 여성의 검색은 미국의 주마다 또렷한 차이를 보였습니다. 동성 결혼 지지 여론이 낮은 지역, 그러니까 동성애를 보는 시각이 부정적인 지역일수록 이런 검색이 더 많이 나타났지요. 이런 질문의 빈도가 높은 21개 주는 미시시피주처럼 동성 결혼 지지도가 전국 평균보다 낮았습니다.

이제 짐작이 가지요? 동성애를 보는 시각이 부정적인 지역에서 동성애 성향을 가진 다수의 남성은 자신의 성적 지향을 드러내지 못하거나, 혹은 자신도 인정하지 않은 채 살아갑니다. 그 가운데 상당수는 여성과 결혼해서 가정까지 꾸립니다. 그리고 설문 조사 대상이 되면, 자신은 이성애자라고 답하지요. 미국의 동성애자는 공식 통계에 나타난 2~3%보다 훨씬 많을 가능성이 큽니다.

구글의 검색 흔적을 활용한 데이터과학은 남자아이와 여자아이에게 성 역할의 고정관념이 어떤 식으로 주입되는지도 말해 줘요. 상당수 부모는 한 번쯤 자신의 아이가 특별한 재능을 가진 '천재'가 아닌지 생각합니다. 아이가 자라면서 그 기대는 대부분 착각이었다는 게 확인되지만 말이지요. 그런데 남자아이와 여자아이에 대한 부모의 기대는 조금 다르게 나타납니다.

부모는 구글의 검색창에 '내 딸이 재능 있나요?'보다 '내 아들이 재능 있나요?'라는 질문을 2.5배나 많이 합니다. 한편 '내 딸이 뚱뚱

한가요?'라는 질문은 '내 아들이 뚱뚱한가요?'보다 2배 가까이 많아요. '내 딸이 예쁜가요?' 같은 질문도 '내 아들이 잘생겼나요?'보다 많고요.

이렇게 부모들은 자신도 모르게 남녀의 성 역할에 대한 편견을 아들딸에게 투사합니다. 그런 행동은 고스란히 구글 같은 검색 사이트에 흔적으로 남지요. 데이터과학자는 그렇게 쌓인 흔적(데이터)을 분석해서 우리 스스로도 미처 몰랐던 진짜 모습을 찾습니다. 어떤가요? 이 정도면 데이터과학에 관심이 생기지 않나요?

페이스북에 속아서는 안 되는 이유

여기서 잠깐! 그럼 데이터의 양만 많으면 무조건 좋을까요? 아닙니다. 양으로 따지면 페이스북에 수많은 개인이 남긴 기록의 양도 엄청나게 많아요. 하지만 구글의 검색 기록과 달리 페이스북에 쌓인 기록들은 나쁜 데이터입니다. 왜냐하면 보통 사람은 페이스북과 같은 소셜 미디어(SNS)에 자기가 보여 주고 싶은 흔적만 남기기 때문이지요.

그러니 데이터과학자가 페이스북에 쌓인 빅데이터를 분석해서 발표하면 되레 삶의 진실을 왜곡할 수 있습니다. 한 가지 낯부끄러운 예를 볼까요? 2012년에 나온 싸이의 〈강남 스타일〉 뮤직비디오는 페이스북을 비롯한 전 세계 SNS에서 수천만 번 공유됐어요. 세스는 이렇게 이야기합니다.

사상 최고의 인기를 얻은 포르노 비디오가 있다. 이 비디오의 조회 수는 8,000만 회가 넘는다. 〈강남 스타일〉 뮤직비디오를 30회 볼 때마다 이 포르노 비디오를 최소 한 번은 봤다는 것이다. SNS가 사람들이 본 비디오의 정확한 횟수를 알려 준다면, 이 포르노 비디오는 수백만 번 공유됐어야 한다. 하지만 이 포르노 비디오를 자기 SNS에 공유한 사람은 거의 없었다.

이런 건 어떤가요? 미국의 품격 있는 시사 잡지 가운데 《애틀랜틱 The Atlantic》이 있어요. 《애틀랜틱》의 판매 부수나 구글 검색 수는 선정적인 가십성 잡지 《내셔널인콰이어러 National Enquirer》와 비슷한 수준입니다. 하지만 페이스북에서 약 150만 명이 《애틀랜틱》 기사에 '좋아요'를 누를 때, 《내셔널인콰이어러》에는 약 5만 명만 '좋아요'를 누르지요. 페이스북 데이터가 또 삶의 진실을 왜곡한 거예요.

빅데이터를 통해서 삶을 들여다보는 일이 위험할 수도 있어요. 빅데이터를 활용하면 채무자가 빚을 갚을 수 있을지 예측하는 일도 가능합니다. 미국에는 개인과 개인 간의 대출을 알선하는 사이트 (prosper.com)가 있어요. 데이터과학자들은 이 사이트에 올라온 데이터(왜 돈이 필요한지, 어떻게 갚을지 등을 적은 기록)를 분석했지요.

그랬더니 '하느님', '갚겠다', '약속하겠다', '감사하다' 따위의 단어를 자주 사용한 사람일수록 빌린 돈을 갚지 않을 가능성이 크다는 사실을 확인했어요. 반면에 '부채가 없었다', '졸업할 예정이다' 같은 표현을 쓰거나 '세후', '저금리' 같은 금융 용어를 사용한 사람일수록 돈을 갚을 가능성이 컸어요.

무섭죠? 빅데이터를 활용한 이런 연구가 많아지면 어떻게 될까요? '하느님', '감사하다' 같은 표현을 썼다는 이유 때문에 은행에서 돈을 빌릴 기회를 제한당한다면 황당한 일이지요. 어느 순간에는 돈을 빌릴 마음이 있는 사람은 이런 단어를 쓰는 일을 의식적으로 자제하면서 살아가야 할지도 몰라요.

지금의 '나'는 과거의 '나'와 달라

앞서 살펴봤듯이 빅데이터는 겉으로 드러나지 않은 사람의 속마음을 포착하는 데 유용한 도구입니다. 하지만 그 한계를 성찰하지 않으면 인간의 정체성에 대한 심각한 오해를 불러올 수도 있습니다. 빅데이터로 사람을 들여다보는 일의 가장 큰 문제는 한 사람의 '정체성'이 가진 애매모호함을 포착하기 어렵다는 것이에요.

여기 아무개가 있어요. 그는 평소에 학교 수업을 성실히 따라가는 학생입니다. 한편으론 틈틈이 좋아하는 아이돌 가수의 일거수일투족에 관심을 쏟는 열성 팬이기도 해요. 만약 아무개를 학교에서만 지켜본 사람이라면 그를 '모범생'으로 여기겠지요. 만약 구글 검색 데이터로만 그를 살핀다면, 아이돌 가수에 홀린 열성 팬으로 여길 테고요. 사실은 '모범생'과 '열성 팬', 또 그 밖에 다른 여러 가지 모습이 모자이크처럼 엮여서 그의 정체성을 형성하고 있는데도 빅데이터는 그 모든 것을 말해 주지 못합니다.

심지어 그런 정체성은 변합니다. 사회문제에 별 관심이 없던 아무개가 어떤 계기를 통해서 불의를 참지 못하고 촛불을 들고 거리로 나설 수도 있어요. 3·1운동, 4·19혁명, 5·18광주민주화운동 등에 참여해서 목숨을 잃기까지 했던 십 대, 이십 대도 평소에는 당대의 유행에 민감한 평범한 청년일 뿐이었습니다. 특정 시기의 빅데이터로 한 사람의 정체성을 규정한다면 이런 변화를 감지하지 못합니다.

데이터가 말하는 남녀 호감도의 비밀

이제 빅데이터와 그것을 연구하는 데이터과학이 할 수 있는 것과 할 수 없는 것을 어렴풋이 파악할 수 있겠지요? 참, 그나저나 데이터과학자들은 정말로 남녀 사이의 대화를 분석해서 상대방의 호감도를 알 수 있었을까요? 이야기를 듣고 보면 상당히 그럴듯합니다.

우선 남성은 여성이 마음에 들면 목소리의 높낮이를 일정하게 조절합니다. 상대 여성에게 진중한 인상을 주려는 것이지요. (실제로 단조로운 목소리일수록 여성에게 더 남성적으로 들린다는 연구가 있습니다.) 여성 역시 목소리 높낮이에 변화를 줘서 평소보다 부드럽게 말하려고 노력합니다.

상대가 좋다 혹은 싫다는 신호도 있어요. 상대 남성이 마음에 들지 않을 때 여성이 많이 쓰는 표현은 '아마', '별로', '그럴 거예요' 같은 얼버무리는 말입니다. 반면에 여성이 좀 더 적극적으로 자기 이야기를 한다면 상대에게 호감이 있다는 신호예요. 그러니까 남성이 들을 수 있는 상대 여성의 가장 반가운 호감 신호는 '나(I)'입니다.

당연히 여성은 자신의 이야기에 귀를 기울이고, 지지와 공감을 표시하는 남성에게 호감을 느껴요. 그렇다면 남성은 어떨까요? 데이터과학자들이 발견한 불편한 진실은 이렇습니다. 남성이 관심을 가진 거의 유일한 요소는 (짧은 시간의 만남임을 염두에 두더라도) 상대 여성의 외모랍니다. 어이쿠!

〰️ 확장해서 읽기

◎ 사람들의 숨겨진 욕망조차 알고 있는 빅데이터의 실체를 파악하고 싶다면
　☞ 세스 스티븐스 다비도위츠, 이영래 옮김, 『모두 거짓말을 한다』(더퀘스트, 2018)

◎ 빅데이터를 이용한 감시가 실제로 어떻게 벌어지고 있는지 알고 싶다면
　☞ 브루스 슈나이어, 이현주 옮김, 『당신은 데이터의 주인이 아니다』(반비, 2016)

4장　　　신체 – 재구성하다

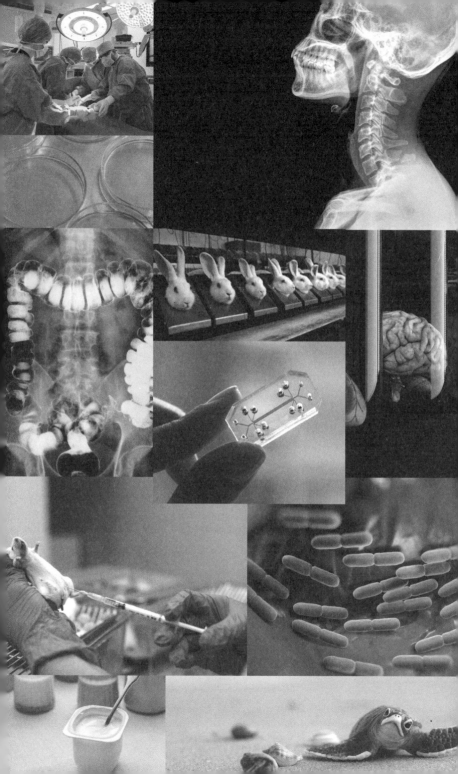

인간도 업그레이드가
가능할까

> **유전자 가위는 과연
> 유전병 치료에만 사용될까?**

〈가타카〉, 먼 미래 이야기가 아니다

지금으로부터 20여 년 전에 영화 〈가타카〉(1997)가 만들어졌습니다. 이 영화는 '유전자 변형(Genetically Modified)' 인간이 등장한 가까운 미래를 배경으로 하고 있습니다. 유전자 변형을 통한 출산이 보편화된 시대, 주인공 빈센트는 부모의 자연 임신으로 태어난 인간입니다. 유전자 변형 없이 출생한 그는 '부적격자'로 낙인찍힙니다. 태어나자마자 행해진 유전자 검사는 빈센트가 '심장 질환 발생률 99%에, 범죄자가 될 가능성이 크고, 예상 수명은 31세'라는 섬뜩한 결과를 내놓지요.

나쁜 유전자를 제거하고 인공수정으로 태어난 빈센트의 동생이 완벽한 미래를 약속받은 것과 천지 차이입니다. 하지만 우주 비행사가 되고자 하는 빈센트는 유전자가 정해 놓은 자신의 운명을 받아들이지 않습니다. 어린 시절, 동생과 수영 시합을 하다가 바다 한가운데서 익사할 뻔한 동생을 구해 낸 빈센트는 '할 수 있다'는 자신감을 얻지요.

급기야 빈센트는 동생처럼 유전자 변형으로 태어난 머로의 유전자 정보를 구매합니다. 머로는 사고로 장애를 얻자 자신의 유전자 정보를 빈센트에게 팔아요. 하지만 빈센트가 세상을 속이기는 쉽지 않습니다. 그는 항상 머로의 혈액, 소변을 가지고 다니며 신분 확인에 대비해야 합니다. 나쁜 시력, 작은 신장 같은 신체적 결함을 감추려고 안간힘도 써야 했지요.

〈가타카〉는 인간의 유전자를 마음대로 변형하는 미래의 어두운 면을 경고하는 영화입니다. 이 영화가 나온 1990년대 후반은 생명공학의 눈부신 발전이 가져올 장밋빛 미래에 대한 환상이 크던 때라서, 〈가타카〉는 크게 주목을 받았지요. 하지만 다수의 과학자는 이 영화가 예고하는 미래가 현실이 될 가능성이 거의 없다며 고개를 저었습니다.

그런데 20년이 지난 지금 세상이 변했습니다. 유전자 변형 인간의 등장이 눈앞에 다가왔기 때문입니다.

노벨상 영순위, 크리스퍼

과학 뉴스에 관심 있는 이들이라면 '크리스퍼(CRISPR)'를 한 번쯤 들어 본 적이 있을 거예요. 과학 전문지 《사이언스》는 '2013년의 가장 영향력 있는 과학 성과'로 크리스퍼를 선정했습니다. 《사이언스》는 2015년에 다시 한 번 크리스퍼를 가장 중요한 10대 발견 가운데 하나로 꼽고, 그 가운데서도 최고라고 목소리를 높였지요.

심지어 과학계는 '노벨상 영순위'로 크리스퍼의 발전에 공헌한 과학자를 꼽고 있습니다. 도대체 크리스퍼가 무엇이기에 이토록 호들갑일까요? 크리스퍼의 정확한 이름은 'CRISPR/Cas9'입니다. 쉽게 설명하자면, 크리스퍼는 생명체의 유전체(genome)를 마음대로 편집하는 기술입니다.

알다시피 유전 정보가 담긴 DNA는 아데닌(A), 구아닌(G), 티민(T), 사이토신(C)의 네 가지 분자(염기)로 구성되어 있습니다. '인간 유전체 프로젝트(Human Genome Project)'의 결과를 보면, 사람의 DNA는 이 네 가지 염기가 둘씩 결합한 염기쌍(아데닌-티민, 구아닌-사이토신) 약 30억 개로 구성되어 있고, 그 안에 2만 5,000개 정도의 유전자가 담겨 있습니다. (이 유전자의 집합이 '유전체'입니다.)

유전자는 DNA 내에서 유전 정보가 존재하는 부분을 뜻합니다.

유전자의 DNA 염기쌍 배열 순서에 따라서 우리 몸을 구성하는 여러 가지 단백질이 만들어집니다. 그런데 2만 5,000여 개의 유전자 가운데 단 하나만 이상해도 심각한 질환을 낳을 수 있습니다. 예를 들어, 애초 구아닌이 들어가야 할 자리에 티민이 들어가 있는 것만으로도 심각한 질환이 발생할 수 있는 것이지요. 이렇게 유전자 자체가 잘못되어 발생하는 질환을 '유전병'이라고 부릅니다. 혈우병, 낭포성 섬유증 같은 질환이 그 예입니다.

바로 이 대목에서 크리스퍼가 등장합니다. 크리스퍼는 두 가지 일을 할 수 있는 유전체 편집 기술입니다. 우선 구아닌 대신 티민이 잘못 들어간 자리를 비교적(!) 정확하게 찾을 수 있습니다(확대경 혹은 검색기). 그리고 문제를 일으킨 티민을 자를 수 있어요(가위).

크리스퍼 이전에도 유전자의 일부를 자르고 붙이는 유전체 편집 기술은 존재했습니다. 하지만 편집 대상을 찾는 능력이 형편없었지요. 크리스퍼는 이전의 기술에 비해서 편집 대상을 정확하게 찾을 뿐만 아니라, 그 정확도가 세계 곳곳의 과학자의 노력으로 지금 이 순간에도 계속해서 높아지고 있습니다.

심지어 크리스퍼는 이전 기술과 비교했을 때, 비용도 싸고 시간도 절약합니다. 초기에 약 5,000달러(약 550만 원)가 들었던 일이 크리스퍼로는 약 30달러(약 3만 3,000원)면 가능하지요. 이전 기술로 만드는 데 1년 정도가 걸린 유전자 변형 생쥐를 크리스퍼는 두 달 이내에 세상에 선보일 수 있습니다.

이제 왜 과학계가 크리스퍼에 열광하는지 알겠지요? 다수의 과학자는 크리스퍼가 혈우병이나 낭포성 섬유증 같은 유전병 치료에 돌파구를 마련해 줄 것으로 기대합니다. 그런데 이 대목에서 새로운 논쟁이 시작되고 있습니다. 과연 크리스퍼가 유전병 치료에만 쓰일까요? 혹시 〈가타카〉에서 예고한 유전자 변형 인간을 만드는 일이 가능하지 않을까요?

상당수 과학자는 '가능하다'고 입을 모읍니다. 아니나 다를까! 2018년 11월 28일, 중국의 과학자 허젠쿠이贺建奎가 크리스퍼로 유전자를 변형시킨 아기를 태어나게 했다고 밝혔어요. 이 과학자는 후천성 면역 결핍증(에이즈, AIDS) 바이러스(HIV)와 결합하는 면역 세포의 단백질 수용체(CCR5) 유전자를 없애거나 변형시킨 배아를 자궁에 착상시켜, 에이즈에 면역력을 가진 쌍둥이 여자아이가 태어난 사실을 공개했지요. 이 주장이 사실이라면 최초의 유전자 변형 인간이 세상에 등장한 것입니다. (미국의 세포생물학자 폴 뇌플러Paul Knoepfler는 이런 인간을 'GMO 사피엔스'라고 부릅니다.)

처음에는 이렇게 유전병이나 질병의 원인이 되는 유전자 한두 개를 편집한 유전자 변형 인간이 세상에 나오겠지요. 그러다 특정 유전자 몇 개가 지능이나 신장에 중요한 영향을 미친다는 사실이 확인된다면 어떻게 될까요? 그런 유전자를 바꿔치기해서 좀 더 똑똑하고, 좀 더 신장이 큰 아기를 만들려는 시도가 이어질 가능성이 큽니다. 바로 〈가타카〉의 세상이 현실이 되는 거지요.

유전자 계급, '진리치'의 탄생

이렇게 눈앞에 다가온 유전자 변형 인간의 탄생 가능성을 염두에 두면서 생각해 봐야 할 문제가 한두 가지가 아닙니다. 발전을 거듭하는 크리스퍼 같은 유전체 편집 기술이 가진 한계는 일단 제쳐두지요. (다수의 과학자는 크리스퍼 기술의 정확도가 많이 향상되었음에도 불구하고, 여전히 유전체의 엉뚱한 자리를 편집할 가능성이 남아 있음을 지적합니다.)

당장 유전체 편집이 완벽히 성공하더라도 문제는 남습니다. 인간이 가진 약 2만 5,000개의 유전자는 상호작용하면서 (과학자도 미처 그 내용을 파악하지 못한) 여러 일을 합니다. 그러니까 지능을 높이려고 특정 유전자를 바꿔치기한 유전자 변형 인간이, 머리는 좋아졌는데 폭력적으로 변할 수도 있습니다. 키 크게 하려고 유전자를 변형했더니 몸 곳곳에 암 덩어리가 생길 수도 있고요. 당장 중국의 과학자 허젠쿠이가 에이즈에 면역력을 생기게 한다고 없앤 단백질 (CCR5)이 알려지지 않았지만 몸에 꼭 필요한 기능을 수행하고 있을 수도 있고요.

우리의 유전자에 대한 지식이 지금보다 훨씬 더 많아져서 정말로 우수한 유전자와 열등한 유전자를 구별하고 크리스퍼로 정교하게 편집할 수 있다고 칩시다. 그렇다면 문제는 더욱더 심각해집니다. 부모의 선택 때문에 어떤 사람은 우수한 유전자만 가지고 태어나고, 〈가타카〉 속 빈센트처럼 어떤 사람은 열등한 유전자를 그대로 가지고 태어날 테니까요.

우수한 유전자와 열등한 유전자는 곧바로 계층을 나누는 새로운 기준이 되겠지요. 유전자를 변형하려면 돈이 있어야 할 테니까요. 부모의 재력이나 능력은 이제 후손의 유전자에 각인됩니다. 미국의 분자생물학자 리 실버Lee Silver는 이렇게 등장한 미래 사회를 지배하는 유전자 변형 인간을 '진리치(GenRich)'라고 부릅니다. 부유한 (Rich) 유전자(Gene)를 지닌 계층으로, 유전자 변형을 거치지 않은 '자연인(Naturals)'과 구분되는 존재지요.

> 미국(2350년 5월 15일): 미국 인구의 10%를 차지하는 진리치는 누구나 합성 유전자를 갖고 있다. … 경제와 언론, 연예 산업, 지식 산업의 모든 측면을 진리치 계급이 통제한다. … 자연인은 저임금 서비스 제공자나 노동자로 전락한다. … 결국, 진리치 계급과 자연인 계급은 … 교배할 수 없는 완전히 다른 종으로 분리되어 현재의 인간과 침팬지처럼 서로를 바라보게 된다.
>
> —리 실버, 『리메이킹 에덴Remaking Eden』(Avon Books, 1997), 5~8쪽

어떻습니까? 리 실버가 『리메이킹 에덴』(1997)에서 묘사한 미래상입니다. 물론 유전자 변형 인간이 자연인과 교배가 불가능할 정도로 다른 종이 되려면 시간이 걸리겠지요. 하지만 진리치가 자연인과 구별 짓고자 자신의 피부색을 다른 색으로 바꿀 가능성도 있

습니다. 상상해 보세요. 파란 피부의 진리치가 기존의 피부색을 띤 자연인을 노예처럼 부리는 세상을!

파란색 유전자 변형 인간 이야기는 농담이 아닙니다. 유전자 변형 동물 가운데 '글로피시(GloFish)'가 있습니다. 글로피시는 싱가포르국립대학의 과학자들이 크기 3~4센티미터에 얼룩말 무늬가 있는 열대어 제브러피시를 유전자 변형한 물고기입니다. 산호에서 추출한 형광 물질 유전자를 넣은 글로피시는 빛에 따라서 형형색색의 빛을 띱니다.

유전자 변형 인간이 세상에 등장하면 어쩌면 피부색을 바꾸려는 시도가 나타날지도 모르지요. 만약 유전자 변형 인간이 정말로 진리치가 되어 자연인 위에서 군림하는 세상이라면, 보통 사람(자연인)과는 다른 독특한 피부색으로 자신(진리치)을 구별 지으려고 욕심낼 테니까요. 그런 세상에서는 진리치의 파란 피부야말로 누구나 선망하는 미의 기준이 되지 않을까요?

유전자에 새긴 '정상'과 '비정상'

이 대목에서 한 가지 중요한 점을 지적하고 싶습니다. 앞에서 '우수한' 또는 '열등한'이라는 표현이 여러 차례 나왔습니다. 그런데 도대체 무엇이 우수한 것이고 무엇이 열등한 걸까요? 만약 그런 단어를 접하면서도 이런 질문이 떠오르지 않았다면, 우수한 것이나 열등한 것에 대한 이미지가 이미 머릿속에 자리 잡고 있는 거지요.

흔히 우수한 것의 목록에는 이런 것이 들어가겠지요. 지능 지수는 높을수록 좋습니다. 남자 신장은 약 180센티미터, 여자는 약 165센티미터이고, 얼굴은 취향에 따라 다르겠지만 텔레비전에 나오는 배우처럼 이목구비가 또렷할 테고요. 근육질에 운동신경도 뛰어나야 하며, 누구나 호감을 가질 만한 유쾌한 성격에 유머 감각도 필수입니다.

이런 우수한 것의 기준은 특정한 시대나 장소에 따라서 항상 변해 왔어요. 중세 시대 유럽에 살고 있는 남성에게 배우 송혜교를 보여 줘도, 또 여성에게 송중기를 보여 줘도 선뜻 호감을 가질 사람은 없었을 거예요. 아마도 신기한 동물 보듯이 구경거리로 삼았겠지요. (정말로 동물원의 철창에 집어넣었을지도 모릅니다.)

사람들은 일반적으로 몸에 인위적인 조작을 가함으로써 우수함의 기준에 순응해 왔습니다. 화장, 문신, 성형수술 등 기술이 발달할수록 신체를 변형하는 행태도 점차 대범해져 갔지요. 그런데 유전자 변형 인간이 등장하면서 우수하다는 것이 곧 우수한 유전자를 지녔다는 것과 같은 의미가 됩니다.

한국의 성형수술 열풍을 꼬집는 이들은 서울 강남 거리 미인들의 눈코가 다 똑같이 생겼다고 비아냥거립니다. 안타깝게도(!) 이렇게 성형수술로 바꾼 눈코는 자식에게로 유전되지 않아요. 그러나 유전자 변형 인간의 눈코는 대대손손 유전됩니다. 우수한 유전적 특질을 영구적으로 독점하는 계층이 출현하는 것이지요. 시대나 공간에 따라 끊임없이 변해 왔던 우수함의 기준은 여러 번의 세습을 거치며 절대적인 권위가 부여됩니다. 마치 재산이나 신분처럼 말입니다.

다시 영화 〈가타카〉로 돌아가 봅시다. 오랜만에 영화를 다시 보니, 주인공 빈센트 말고도 눈에 밟히는 등장인물이 있습니다. 바로 완벽한 미래가 보장된 유전자 변형 인간으로 태어났지만, 사고로 장애인이 된 머로입니다. 자신의 혈액, 소변 등을 빈센트에게 제공하며 신분을 파는 머로의 삶은 유전자 변형 사회의 또 다른 어두운 면입니다.

후천적으로 장애를 얻게 된 머로는 자포자기한 채 살아갑니다. 그럴 수밖에 없겠죠. 비장애인마저도 유전자 변형을 하지 않았다면 '부적격자'로 낙인찍히는 사회에서, 장애인이 설 자리는 지금보다 더욱더 좁을 테니까요. 그런 사회에서 장애인은 '비정상' 가운데서도 가장 열등한 존재로 전락할 거예요.

이런 맥락에서 보면, 유전자 변형 인간의 등장은 과학기술의 힘을 이용해서 '정상'과 '비정상'을 가르는 새로운 시도입니다. 더구나 그렇게 정상과 비정상을 나누는 기준은 변형된 유전자를 통해서 대대손손 전달됩니다. 노예제, 신분제, 인종차별 등을 폐지하며 인류가 지난 수백 년간 안간힘을 쓰며 넓혀 왔던, 인간의 자유와 평등을 향한 역사가 뿌리째 흔들리고 있습니다.

〈가타카〉, 해피엔드는 없다

〈가타카〉는 해피엔드입니다. 빈센트는 우여곡절 끝에 우주 비행사의 꿈을 이루고, 유전자 변형 미인과 사랑에 빠집니다. 그런데 저는 이런 결말이 마음에 들지 않습니다. 빈센트는 운 좋게 승리했지만, 그런 사회에서는 여전히 비정상으로 판정받은 다수가 정상 판정을 받은 소수의 지배 아래에서 고통받을 테니까요.

과학자 가운데 몇몇은 유전자 변형 인간을 만들려는 시도 자체를 거부해야 한다고 주장합니다. 이런 과격한 주장에 동참하지 않는 다수도 사회의 합의가 필요하다고 입을 모읍니다. 하지만 정작 대다수 인류는 이런 일이 벌어지고 있다는 것조차 모릅니다. 그런 틈에 창조와 성공의 욕망을 주체하지 못하는 중국의 허젠쿠이 같은 과학자 여럿이 지금 이 순간에도 온갖 실험을 진행 중입니다. 이대로라면 미래의 역사가는 21세기 초반의 어느 시점을 인류가 진리치(정상)와 자연인(비정상)으로 나뉜 때로 기록할 것입니다.

📖 겹쳐 읽기

135쪽 〈GM 먹을거리의 진실, 당신의 선택은〉에서는 유전자 변형을 통해서 탄생한 GM 먹을거리가 과연 애초 약속했던 장밋빛 전망을 인류에게 가져다줄지 탐구해 봅니다. 다양한 이해관계가 얽힌 식품 생태계를 들여다봄으로써 유전자 변형 기술이 초래하는 문제를 입체적으로 생각해 보길 바랍니다.

🔖 확장해서 읽기

◎ 생명공학 시대의 도덕적 난제를 통해 인간이 가져야 할 윤리적 태도에 대해 고민하고 싶다면

☞ 마이클 샌델, 이수경 옮김, 『완벽에 대한 반론』(와이즈베리, 2016)

◎ 유전자 변형 기술의 과거 및 현주소를 살피고 싶다면

☞ 폴 뇌플러, 김보은 옮김, 『GMO 사피엔스의 시대』(반니, 2016)

◎ 현대 생명과학의 현주소와 그것이 초래할 여러 문제를 짚고 싶다면

☞ 송기원, 『송기원의 포스트 게놈 시대』(사이언스북스, 2018)

당신의 몸을
'칩' 위에 올려놓기

> **"**
>
> 내 몸과 똑같은 '아바타'를
> 만들 수 있을까?
>
> **"**

인간을 위해 희생되는 동물들의 눈물

지하철이나 버스를 타다 보면 화장을 한 중고등학생 친구들을 많이 보곤 합니다. 요즘 중고등학생 사이에선 과하지 않을 정도의 화장은 기본이라고 들었어요. 가끔 눈 화장을 한 친구도 보여요. 그런데 눈가에 바르는 화장품에 '토끼의 눈물'이 들어 있다는 사실을 알고 있나요?

물론 토끼의 눈물은 비유적인 표현이에요. 화장품 회사는 시장에 제품을 내놓기 전에 그것이 안전한지를 여러 각도에서 꼭 확인해야 합니다. 이렇게 안전성을 확인하는 데 토끼가 이용돼요. 토끼는 눈물의 양이 적고, 눈도 잘 깜빡거리지 않기 때문이죠. 실험 토끼들은 보통 마취하지 않은 상태에서 각막과 눈 점막에 화장품을 3,000번 정도 바르게 된다고 합니다.

아무리 눈 화장을 좋아하는 친구라도 좁은 공간에 가둬 놓고 수주에서 수개월간 계속 눈 화장을 받게 하고, 그 반응을 타인이 관찰한다면 끔찍하겠지요? 토끼도 마찬가지입니다. 테스트를 받은 토끼는 눈에서 피를 흘리거나 심하면 눈이 멀기도 합니다. 실험 과정에서 몸을 움직이지 못하도록 고정시켜 놓기 때문에 고통에 몸부림치다 목뼈가 부러져 사망하는 일도 많고요.

이런 사정 때문에 유럽연합(EU)은 2004년부터 화장품을 제조할 때 동물실험을 금지했고, 2013년부터는 동물실험을 거친 원료가 들어간 화장품의 판매와 수입도 하지 않기로 했어요. 우리나라도 이런 흐름에 동참해 2017년 2월부터 동물실험 화장품의 유통과 판매를 금지하고 있습니다. 토끼의 처지에서 보면 다행스러운 일이지요?

한편으로는 걱정도 됩니다. 그러면 그간 토끼의 눈물을 대가로 해 오던 화장품의 안전성은 어떻게 확인할까요? 오늘의 이야기는 여기서 시작합니다.

아바타 생쥐의 슬픈 사연

제임스 캐머론^{James Cameron} 감독의 영화 〈아바타〉(2009)를 혹시 기억하나요? 이 영화는 판도라 행성에서 자원을 채취하려는 인간이 그곳의 원주민 나비족과 똑같은 모양의 분신(아바타)을 만들어서 이용하는 모습을 보여 줍니다. 주인공의 아바타는 나비족과 친구가될 뿐만 아니라 심지어 사랑도 하게 되지요.

그런데 실제로 전 세계 곳곳에서 이런 아바타를 만들려는 움직임이 진행 중입니다. '아바타 생쥐'가 그 예입니다. 아바타와 생쥐의 조합이 어색하다고요? 사정은 이렇습니다. 여기 암에 걸린 환자가 있습니다. 암을 치료하는 방법에는 여러 가지가 있어서 항암제를 사용할 수도 있고, 방사선 치료를 할 수도 있어요. 환자마다 처치에 따르는 반응도 제각각입니다.

예전에는 어떤 치료법을 적용할지 결정할 때 통계에 의존했어요. '평균적으로 이런 상태의 암에는 항암제를 써서 효과를 봤으니 이환자에게도 항암제를 써야지.' '이 정도라면 항암제로는 힘들 테니, 방사선 치료를 해 보는 게 낫겠군.' 이런 식이었습니다. 다행히 이같은 처치 방법에 효과를 보는 환자도 있었지만, 오히려 몸 상태가안 좋아지는 이도 많았어요.

만약 환자에게 가장 효과적인 처치 방법을 미리 파악할 수 있다면 얼마나 좋을까요? 아바타 생쥐는 바로 이런 필요 때문에 등장했어요. 환자의 암세포를 떼어 내 실험용 생쥐에게 이식합니다. 그 생쥐는 환자와 똑같은 암세포를 몸에 지닌 아바타 생쥐가 됩니다. 그러고 나서 아바타 생쥐에게 항암제·방사선 치료 등을 해 보는 것이지요.

만약 방사선보다 항암제로 치료할 때 아바타 생쥐의 암세포가 더 빠른 속도로 줄어들었다면 의사는 그 결과를 놓고서 환자에게 항암제를 권할 수 있을 겁니다. 실제로 2013년에 이런 방법을 개발한 삼성서울병원은 "아바타 생쥐 덕분에 환자 맞춤형 암 치료가 가능해질 수 있다"고 전망했어요.

그런데 아바타 생쥐를 이용한 치료에는 몇 가지 문제가 있어요. 가장 심각한 문제는 아바타 생쥐로 얻은 실험 결과를 사람에게 그대로 적용하는 것이 적절한지 여부입니다. 알다시피 사람과 생쥐는 유전자를 비롯한 많은 부분이 다른 동물입니다. 그러니까 아바타 생쥐 속에 있는 암세포를 죽이는 데 항암제가 가장 효과적이었다고 해서 사람도 똑같으리라는 보장이 없습니다.

제약 회사에서 신약을 개발할 때 동물실험을 무작정 신뢰하지 못하는 것도 이 때문입니다. 동물실험에서 별다른 부작용이 없던 약을 막상 인간에게 복용하도록 하면 심각한 부작용이 생기는 경우가 한두 번이 아니었거든요. 그래서 제약 회사는 동물실험에서 신약의 효과를 확인한 뒤에도 환자 여러 명을 포함한 인간 대상의 임상 시험을 반드시 거쳐야 합니다.

시간과 비용도 문제입니다. 환자 한 명에게 맞춤한 치료법을 찾

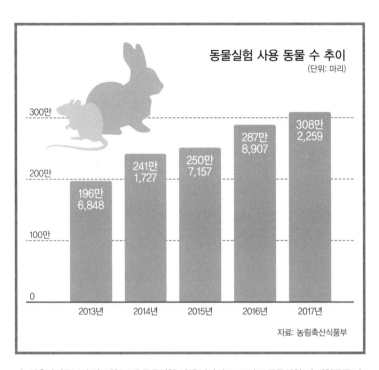

동물실험 사용 동물 수 추이
(단위: 마리)

300만

200만

100만

0

196만
6,848

2013년

241만
1,727

2014년

250만
7,157

2015년

287만
8,907

2016년

308만
2,259

2017년

자료: 농림축산식품부

농림축산식품부가 발표한 '국내 동물실험 시행 기관의 2017년도 동물실험 및 실험동물 사용 실태 조사 결과'에 따르면 동물실험 계획을 심의하고 동물실험을 시행한 351곳에서 사용된 실험동물 수는 308만 2,259마리로 1년 전보다 7.1% 증가했다.

으려면 여러 마리의 아바타 생쥐를 만들고 다양한 처치 방법을 실험해야 합니다. 딱 한 번만 해서도 안 돼요. 환자에게 직접 적용하려면 반복 실험은 필수입니다. 그러려면 비용도 많이 들 뿐만 아니라, 시간도 계속해서 흘러가요. 한시가 급한 환자 처지에서는 답답할 일이지요.

모두가 말하기 불편해하는 문제가 하나 더 있어요. 영문도 모른

채 인간의 암세포를 몸속에 지니고 갖가지 항암제나 방사선 처치를 받아야 하는 수많은 아바타 생쥐의 처지는 어떨까요? 앞서 말한, 인간의 화장품을 만들기 위해 수 주, 수개월 눈물을 흘리다 결국 눈이 멀거나 죽어야 했던 토끼처럼 안타까운 일입니다.

칩 위에 폐·심장을 올려놓기

이런 답답한 상황을 해결할 방법은 없을까요? 이에 세계 곳곳의 과학자 여럿이 지혜를 모아 다양한 시도를 해 봤어요. 그리고 마침내 방법을 찾았습니다. 바로 '오건-온-어-칩(organ-on-a-chip)'입니다. '오건-온-어-칩'은 말 그대로 칩 위에 인간의 폐, 심장, 뇌 같은 기관을 올려놓은 것이지요.

무슨 말인지 모르겠다고요? 일단 칩 위에 인간의 폐를 올려놓은 '렁-온-어-칩(lung-on-a-chip)'을 살펴볼까요? 지난 2010년 하버드 대학교 비스생체모방공학연구소에서 개발한 렁-온-어-칩은 인간의 폐를 칩 위에 그대로 재현한 거예요. 인간의 허파꽈리(폐포) 세포와 모세혈관 등을 칩 위에 배양한 것이지요. [이 연구는 한국인 과학자 허동은(현재 미국 펜실베이니아대학 교수)이 주도했어요.]

이렇게 만든 렁-온-어-칩은 인간의 폐처럼 수축과 이완을 반복하면서 산소와 이산화탄소를 교환합니다. 모세혈관을 통해서 산소와 영양분을 공급하고, 이산화탄소와 노폐물은 방출하지요. 칩 위에 있으므로 생김새는 폐와 다르지만, 구성과 기능은 폐와 똑같아요.

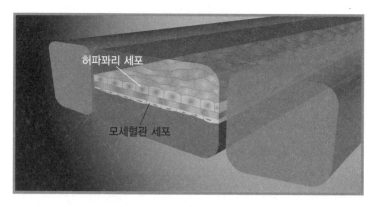

허파꽈리 세포

모세혈관 세포

미국 하버드대 비스생체모방공학연구소가 2010년에 처음 공개한 렁-온-어-칩의 구조. 약 3cm 크기의 칩 위에 얹어 놓은 전자회로 안에 인간의 폐 세포와 모세혈관 세포가 들어 있어서 실제 폐와 똑같은 기능을 할 수 있다.

말 그대로 '칩 위의 폐'입니다.

그렇다면 이런 렁-온-어-칩으로 무엇을 할 수 있을까요? 한두 가지가 아닙니다. 여러분은 흡연과 폐암 사이에 인과관계가 있다는 사실을 귀에 못이 박히도록 들었을 거예요. 하지만 여전히 담배 회사는 인과관계에 의문을 표시합니다. 둘 사이가 원인(흡연)과 결과(폐암)라는 과학적 증거가 없다는 거예요.

사정이 이런 이유는 인간을 상대로 한 실험이 어렵기 때문입니다. 제대로 증거를 내놓으려면 대조군과 실험군으로 폐의 상태가 비슷한 멀쩡한 사람을 나눈 다음에 한쪽(실험군)만 주야장천 담배를 피우게 해야 하지요. 이런 생체 실험은 끔찍한 범죄 행위입니다. 담배 회사는 이 점을 노리고 저렇게 반박하는 것입니다.

다행히 렁-온-어-칩으로는 이 실험이 가능해요. 렁-온-어-칩을 여러 개 연결해 놓으면 실제 폐와 (모양은 다르지만) 똑같은 기능을 합니다. 이런 렁-온-어-칩이 담배를 피우게 하면 어떻게 될까요? 그것도 골초가 그렇듯이 하루에 한 갑(20개비)씩 말이죠. 실제로 렁-온-어-칩으로 실험을 했더니 폐가 망가지는 모습을 확인할 수 있었어요.

오건-온-어-칩만 있으면 아바타 생쥐도 필요가 없습니다. 예를 들어 췌장을 칩 위에 올려놓은 다음, 그곳에다가 환자의 암세포를 배양할 수 있습니다. 그렇게 배양한 암세포에다 마치 아바타 생쥐에게 했듯이 항암제도 투여하고, 방사선도 쬐입니다. 그다음에 암세포를 죽이는 데 가장 효과적인 처치 방법을 선택해서 실제 환자의 췌장암 치료에 활용하면 됩니다.

'아이-온-어-칩(eye-on-a-chip)'도 나왔어요. 화장품 회사는 이제 더 이상 토끼를 강제로 가둬 놓고서 움직이지 못하도록 한 다음에 3,000번이나 눈 화장품을 바를 필요가 없어요. 인간의 눈을 칩 위에 배양해 둔 아이-온-어-칩에다가 화장품을 발라서 이상 반응이 나타나는지 확인하면 되니까요. 유럽을 비롯한 세계 곳곳에서 화장품 동물실험을 금지한 것도 바로 이런 대안이 나왔기 때문이지요.

인간의 피부 상태를 그대로 재현한 '스킨-온-어-칩(skin-on-a-chip)'은 또 어떤가요? 스킨-온-어-칩은 화장품뿐만 아니라 피부 노화를 막아 준다는 각종 미용 시술의 효과를 미리 검증할 수 있습

오건-온-어-칩 기술을 설명한 허동은 교수의 TED 강연 보기

니다. 더구나 개인에 맞춤한 화장품이나 미용 시술이 정확하게 어떤 결과를 낼지 미리 확인하는 일도 가능하지요.

이 같은 오건-온-어-칩은 여러 가지 이익을 가져다줍니다. 우선 그동안 동물실험 등에 의존해 왔던 신약, 화장품 등의 효과를 오건-온-어-칩을 통해 정확하게 확인할 수 있습니다. 나아가 특정 개인에게 가장 효과적인 치료 방법을 맞춤해서 확인하는 일도 가능하지요. 또 생쥐, 토끼 등 동물의 희생을 최소화할 수 있답니다.

쇠고기·돼지고기·닭고기 대신에 인공 고기를?

우리나라에서 오건-온-어-칩 연구를 이끌고 있는 과학자는 정석 교수(고려대 기계공학과)입니다. 정석 교수는 나중엔 오건-온-어-칩을 활용해서 말 그대로 인간의 아바타, '휴먼-온-어-칩(human-on-a-chip)'을 만드는 일이 가능하리라고 전망합니다. 한 개인의 폐(lung-on-a-chip), 심장(heart-on-a-chip), 간(liver-on-a-chip), 뇌(brain-on-a-chip) 등을 연결해 만드는 것이지요.

물론 휴먼-온-어-칩의 생김새는 사람과 전혀 닮지 않을 겁니다. 겉모습만 보면 칩 몇 개를 피가 드나드는 혈관으로 연결해 놓은 것

에 불과하니까요. 하지만 그것의 기능은 한 사람의 몸과 똑같습니다. 정석 교수는 "복제 인간에 대한 거부감은 최소화하면서도 특정 개인에게 맞춤한 다양한 실험이 휴먼-온-어-칩을 통해서 가능하다"고 설명합니다.

정석 교수는 농담 반 진담 반으로 이런 이야기도 합니다. 지금도 오건-온-어-칩 기술을 활용해서 인간의 근육이나 내장을 칩 위에서 3차원으로 배양할 수 있습니다. 그럼 소, 돼지, 닭의 근육(고기)이나 내장을 3차원으로 배양하는 일은 어떨까요? 그러면 그걸로 실제 고기를 대신할 수 있지 않을까요?

이런 정석 교수의 비전은 허투루 흘려들을 일이 아닙니다. 앞서 '식용 곤충'을 소개하면서(2장의 〈오늘 점심은 메뚜기 파스타 어때요?〉 참고) 전 세계에서 생산한 곡물의 3분의 1이 굶주리는 사람이 아니라 소나 돼지 같은 가축을 먹이는 데 쓰인다고 이야기했지요? 앞으로 지구온난화가 초래할 기후 변화로 곡물 생산량이 줄어들 것이라는 경고를 염두에 둔다면 소, 돼지가 먹어 치우는 식량은 꽤 심각한 문제입니다.

더구나 그렇게 엄청난 양의 곡물을 사료로 먹어 치우는 소, 돼지, 닭의 처지도 행복하지 않습니다. 이 동물들은 지저분한 우리에 갇혀서 꾸역꾸역 사료를 먹으며 살을 찌우고 나면 곧 고기로 만들어지는 경우가 대부분입니다. 이 과정에서 구제역, 조류인플루엔자(조류독감) 같은 전염병이 돌고, 그 가운데 일부는 인간에게도 심각한 피해를 줄 수 있어요.

이런 사정 때문에 한쪽에서는 소, 돼지, 닭 같은 고기를 먹지 않겠다고 선언하는 채식주의자가 늘어나고 있어요. 또 한쪽에서는 이런 육류를 대신할 단백질 공급원을 찾고 있고요. (그 유력한 후보 가운데 하나가 귀뚜라미나 메뚜기 같은 식용 곤충이지요.) 이런 상황을 염두에 두면 정석 교수의 인공 고기 이야기는 농담이 아닙니다.

만약 오건-온-어-칩 기술이 더욱더 발전하면 이제 더 이상 소, 돼지, 닭을 농장에서 사육할 필요가 없어질지 모릅니다. 그러면 이 가축들에게 억지로 살을 찌우는 스트레스를 주지 않아도 되고, 하천과 토양을 오염시키는 가축의 똥오줌 문제도 해결할 수 있겠지요. 사육 과정에서 배출하는 온실가스도 줄어들 테고요.

물론 이런 일이 현실이 되려면 많은 과학적·기술적 장애물을 해결해야 합니다. 또 그보다 훨씬 중요한 사회적 합의도 필요하고요. 특히 이런 인공 합성고기를 사회 구성원들이 수용할 준비가 되어 있는지가 가장 중요하겠지요. 여러분은 어떻습니까? 공장에서 만들어진 인공 합성고기를 먹을 준비가 되어 있나요?

저도 고민해 봤어요. 만약에 저라면 위생, 안전 등에서 문제가 없다면 인공 고기 먹는 일을 주저하지 않을 것 같아요. 왜냐하면 여러 문제를 초래하는 소, 돼지, 닭의 공장식 축산을 그대로 두는 일은 윤리적이지 않을 뿐만 아니라 지속 가능하지 않아 보이니까요. (그리고 계속해서 고기는 먹고 싶으니까요.) 여러분의 생각이 궁금합니다.

📖 겹쳐 읽기

123쪽 〈오늘 점심은 메뚜기 파스타 어때요?〉에서는 소, 닭, 돼지고기의 대안으로 식용 곤충을 식탁에 올리려는 시도를 확인할 수 있습니다. 미래의 식탁, 특히 육식의 모습은 크게 바뀔 가능성이 높습니다. 만약 여러분이 육식 문화의 추종자라면, 지금과 다른 식단을 상상해 봄으로써 식문화에 대한 진지한 고민을 시작할 수 있을 것입니다.

📖 확장해서 읽기

◎ 동물에 대한 인간의 비일관적이고 역설적인 태도 뒤에 숨겨진 메커니즘을 알고 싶다면

　☞ 할 헤르조그, 김선영 옮김, 『우리가 먹고 사랑하고 혐오하는 동물들』(살림, 2011)

◎ 세계적인 실천윤리학자로부터 동물권 운동의 당위성과 그 실천 방안을 듣고 싶다면

　☞ 피터 싱어, 노승영 옮김, 『동물과 인간이 공존해야 하는 합당한 이유들』(시대의창, 2012)

요구르트의 꿈, 김치의 꿈, 유산균의 꿈

> ❝
> 몸속 미생물은
> 박멸의 대상일 뿐일까?
> ❞

요구르트를 마시면 정말 오래 살 수 있을까

노벨상을 받은 과학자 가운데 우리나라에서 가장 유명한 과학자는 누구일까요? 아인슈타인 Albert Einstein 같은 과학자의 이름을 얼른 떠올리겠지만, 사실 더 유명한 사람은 따로 있습니다. 혹시 '메치니코프'를 알고 있나요? 맞습니다. 한 요구르트 회사에서 이런 이름의 제품을 출시했었지요? 저도 유산균이 많다고 해서 몇 번 마셔 본 적이 있습니다.

그런데 바로 이 요구르트의 이름에 들어간 '메치니코프'가 바로 1908년에 노벨 생리의학상을 받은 러시아 출신 과학자 일리야 메치니코프Elie Metchnikoff입니다. 메치니코프는 그 유명한 프랑스의 과학자 루이 파스퇴르Louis Pasteur와 공동으로 세균학과 면역학을 연구하다가 백혈구의 면역 기능을 밝혔지요.

이런 메치니코프의 이름이 왜 요구르트에 붙은 걸까요? 그는 불가리아의 농민이 규칙적으로 신 우유를 마시며 100세 이상 장수하는 것을 보고, 어떤 미생물이 수명 연장과 떼려야 뗄 수 없는 관계가 있으리라고 믿었습니다. 신 우유 안에 들어 있는 세균은 유력한 후보였어요. 다른 회사의 또 다른 요구르트에 불가리아 이름을 딴 제품명이 등장한 까닭이지요.

실제로 메치니코프는 죽을 때까지 수십 년간 신 우유를 규칙적으로 마셨어요. 그는 1916년 71세로 세상을 뜰 때까지 계속해서 이 습관을 버리지 않았어요. 당대의 유명한 과학자가 신 우유를 마시는 습관은 곧바로 유행처럼 번졌지요. 그러니까 메치니코프는 오늘날 일부러 요구르트를 찾아 마시는 유행의 선구자인 셈입니다.

지금 이 글을 쓰는 제 책상에도 요구르트 한 병이 놓여 있어요. 유산균이 1억 마리 이상 들어 있다고 홍보하는, 불가리아 이름을 딴 제품이지요. 이런 유산균을 포함한 프로바이오틱스(probiotics, 유익균의 총칭) 시장은 확장을 거듭해 세계적으로 연간 수십억 달러(수조

원) 규모에 이릅니다.

'프로바이오틱'은 그리스어로 '생명을 위하여(for life)'라는 뜻에서 유래했습니다. 그런데 정말로 요구르트 같은 프로바이오틱스 제품을 마시면 오래 살 수 있을까요? 오늘의 이야기는 바로 이 질문에서 시작합니다.

메치니코프는 틀렸다

일단 메치니코프의 접근은 비과학적인 것으로 드러났어요. 그가 그토록 좋아하던 신 우유의 세균은 대부분 위산 탓에 장에 도달하기도 전에 죽는 것으로 나타났거든요. 하지만 메치니코프의 아이디어는 후대의 과학자 여럿을 사로잡았습니다. 예를 들어, 1930년대 일본의 과학자 시로타 미노루代田稔는 위산에 죽지 않고 장까지 도달하는 미생물을 찾는 연구에 앞장섰어요.

시로타는 마침내 '락토바실루스 카세이(Lactobacillus casei)'라는 세균을 찾아냈고, 1935년에 오늘날과 흡사한 액상 요구르트를 최초로 개발했어요. 일본에서 개발한 요구르트는 우리나라뿐만 아니라 전 세계로 퍼졌습니다. 그러니까 메치니코프가 프로바이오틱스의 선구자라면, 시로타는 아버지라고 해야겠지요.

그런데 수십 년이 지난 지금도 여전히 요구르트를 비롯한 프로바이오틱스의 효과를 놓고서 대다수 과학자는 고개를 젓습니다. 요구르트 회사 등이 말하는 '소화력, 면역력에 도움을 주고 심지어 각종 질병 치료에 효과가 있다'는 주장은 명백히 과장이라는 것입니다. 과학자가 말하는 이유는 이렇습니다.

우선 농도가 가장 높은 프로바이오틱스도 용기 하나당 유산균은 몇천 억 마리 수준입니다. 방금 인터넷으로 검색해 보니 "4,500억 마리의 국내에서 가장 많은 세균이 들어 있는 유산균"이라고 홍보하는 상품이 보입니다. 얼핏 보면 많아 보이지요? 그런데 우리 장내는 이보다 100배 많은 수십조 마리의 미생물로 가득합니다.

우리 몸은 약 30조 개의 세포로 구성되어 있습니다. 그리고 몸속 세균은 이보다 많은 39조 마리에 달합니다. (가끔 몸속 세균이 인간 세포보다 10배나 많다는 주장이 있는데 이는 과장된 것입니다.) 또 몸속 세균의 대부분은 장내에 분포하지요. 제가 지금 책상 위에 있는 요구르트 한 병을 들이켜서 1억 마리의 유산균을 몸속으로 집어넣는다면, 설사 그것이 장까지 온전히 도달하더라도 그 양은 말 그대로 '새 발의 피'입니다.

이뿐만이 아닙니다. 요구르트 속 유산균은 사실 성인의 몸속 세균과 차이가 큽니다. 그런 유산균은 공장에서 배양하기 쉽고, 또 위산에 죽지 않고 장까지 도달할 가능성이 커서 선택된 것이니까요. 그러다 보니 유산균이 위산에 죽지 않고 장까지 도달하더라도 애초 있었던 몸속 세균과 어울리지 못하고 사라질 가능성이 큽니다.

실제로 2011년에 미국 워싱턴대학교 제프리 고든Jeffery Gordon 등의 과학자는 요구르트를 하루 두 번씩 7주간 마신 이들의 장내 세균 분포를 조사했어요. 그 결과 요구르트 안에 들어 있던 유산균은 기대와는 달리 장에 자리를 잡지 못했어요. 유산균이 자리를 잡지 못하니 당연히 장내 세균 분포를 바꾸는 데도 영향을 주지 못했겠지요.

이제 유산균이 든 요구르트를 비롯한 프로바이오틱스 제품의 효능이 상당히 과장된 것임을 알았을 거예요. 하지만 그래도 저는 요구르트를 꿀꺽꿀꺽 마셨습니다. 왜냐고요?

미생물은 힘이 세다

들여다보면 볼수록 몸속 세균의 세상은 신기합니다. 세포 수보다 많은 몸속 세균은 종류도 참으로 다양합니다. 치아, 잇몸, 소장, 대장, 항문, 겨드랑이, 사타구니 등 부위에 따라서 서로 다른 세균이 존재합니다. 남녀노소에 따라 가지고 있는 세균의 종류도 달라요. 심지어 평소 육식을 즐기는 사람의 장에 서식하는 세균은 채식을 즐기는 사람의 그것과 다르죠.

그렇다면 이렇게 몸속에 잔뜩 존재하는 세균의 기능은 뭘까요? 21세기 들어서 과학자 여럿이 밝힌 사실은 충격적입니다. 예를 들어 몸속에 세균이 없는 무균 생쥐는, 겉모습은 일반 생쥐와 별반 차이가 없지만 실상은 엉망진창이에요. 가장 눈에 띄는 변화 가운데 하나가 대장염 같은 소화관의 염증 질환입니다.

2002년 미국 캘리포니아공과대학의 사르키스 매즈매니언Sarkis

Mazmanian을 비롯한 몇몇 과학자는 흔한 장내 세균 'B-프라그(박테로 이데스 프라길리스)'를 무균 생쥐에게 먹여서 소화관 염증을 치료했어요. 이 연구는 몸속 세균 다수가 '이방인'이 아니라, 중요한 면역 기능을 담당하는 '공생자'라는 사실을 확인한 것이지요. B-프라그 같은 공생자 없는 무균 생쥐는 그래서 대장에 염증이 생겼던 거고요.

놀라운 사실은 또 있어요. 미국의 과학자 폴 패터슨Paul Patterson은 임신한 생쥐한테 바이러스를 감염시키고 나서, 태어난 새끼의 행동에서 흥미로운 모습을 발견합니다. 새끼는 불안, 반복 행동, 사회성 결핍을 보였어요. 맞아요. 자폐증이나 조현병*을 앓는 인간과 비슷한 특징을 보인 거지요. 실제로 임신부가 인플루엔자나 홍역 등 바이러스 질환을 앓으면 자폐증이나 조현병을 가진 자녀가 태어날 가능성이 있어요.

여기부터 반전입니다. 패터슨은 뒤늦게 매즈매니언이 발견한 장내 미생물(B-프라그)의 항염증 효과가 갖는 중요한 의미를 깨달았어요. 자폐증이나 조현병을 앓는 새끼 생쥐는 자폐증에 걸린 어린이처럼 소화관 문제도 겪었거든요. 좀 더 살펴보니 양쪽(새끼 생쥐와 어린이) 모두 소화관의 장내 미생물 구성이 비정상적이었습니다.

패터슨은 문제의 새끼 생쥐에게 B-프라그를 먹였어요. 결과가 어땠을까요? 자폐증, 조현병 증상을 보이던 새끼 생쥐가 더는 비정

---

* 사고의 장애나 감정, 의지, 충동 따위의 이상으로 나타나는 인격 분열의 증상으로, 유전적인 요인과 깊은 관련이 있는 것으로 본다.

상적인 행동을 보이지 않았어요. 불안해하지 않았고, 반복 행동이 줄었으며, 다른 생쥐와 접촉도 늘었습니다. 이 실험 결과를 패터슨과 매즈매니언은 이렇게 해석합니다.

임신 중인 어미에게 주입한 바이러스 때문에 새끼의 소화관에 문제가 생겼다. 일반적인 경우와 다른 장내 미생물 환경이 조성됐고, 독성 물질이 혈관에 침투하는 것을 막는 소화관 투과성까지 약해졌다. 이 비정상적인 장내 미생물이 생성한 화학물질은 소화관을 뚫고 나서 혈액을 타고 뇌까지 이동해 자폐증, 조현병 같은 이상 증세를 일으켰다.[**]

최근 재미 한국인 과학자 부부(허준렬·글로리아 최)가 발표한 연구(《네이처》 2017년 9월 13일)도 흥미롭습니다. 이들은 임신한 어미의 장내 세균이 자폐 행동을 보이는 새끼 생쥐 출산에 직접적인 영향을 미친다는 사실을 밝혀냈어요. 바이러스에 감염된 임신한 어미 몸속의 특정 장내 세균(나쁜 세균)이 만들어 낸 면역 세포 단백질이, 새끼 뇌에 영향을 미쳐 자폐 증상을 유발한 것이지요.

이렇게 여러 과학자의 후속 연구를 통해 흔히 뇌의 문제로 알려

[**] Paul H. Patterson외 11인, 「Microbiota Modulate Behavioral and Physiological Abnormalities Associated with Neurodevelopmental Disorders」, 《Cell》 155호 (2013년 12월 19일), 1451~1463쪽 참고.

진 자폐증 같은 이상 증세가 (어미나 새끼의) 장내 세균과 깊은 관계가 있다는 사실이 확증되고 있습니다. 그럼 장내 세균을 조정한다면 자폐 증상을 개선하거나 예방할 수 있을까요? 매즈매니언 등 과학자들은 계속해서 B-프라그 같은 미생물로 자폐 증상을 개선할 방법을 찾고 있습니다.

이런 연구 결과를 접한 자폐아를 둔 부모는 어떨까요? 지푸라기라도 잡는 심정으로 장내 세균 조성을 개선하는 데 도움이 되는 프로바이오틱스를 열심히 아이에게 먹이고 있습니다. 또 실제로 증상이 개선된 사례도 있다고 해요. 아직까지는 가능성일 뿐이지만, 장내 세균이 정말 자폐증 치료의 돌파구를 열지도 모릅니다.

김치도 힘이 세다?

아까 육식을 즐기는 사람과 채식을 즐기는 사람 사이의 장내 세균 분포가 다르다고 했지요? 과학자는 살이 찐 사람과 날씬한 사람, 고혈압이 있는 사람과 그렇지 않은 사람, 당뇨병을 앓는 사람과 그렇지 않은 사람 사이에도 장내 세균 분포가 상당한 차이가 있다는 사실을 발견했습니다.

이런 사실을 어떻게 활용할 수 있을까요? 맞아요. 어떤 사람의 장내 세균 분포를 정기적으로 모니터링하면 그 사람에게 비만, 고혈압, 당뇨병이 나타날 가능성을 예측해 볼 수 있겠지요. 심지어 어떤 과학자는 한 걸음 더 나아가 불균형한 장내 세균 분포를 바꿈으로써 비만, 고혈압, 당뇨병을 예방하거나 치료할 가능성까지 모색하고 있습니다.

요구르트의 유산균 역시 제한적이지만 효과가 있긴 해요. 장까지 도달한 요구르트의 유산균은 대부분 죽습니다. 그런데 이렇게 유산균이 죽는 과정에서 염증을 억제하는 효소를 방출해서 생쥐 소화관 염증을 감소시켰다는 연구가 있어요. 또 유산균이 장내 미생물을 자극해서 탄수화물을 소화시키는 효소를 방출하는 효과가 있음이 관찰되기도 했고요.

이쯤 되면 입이 딱 벌어지지요? 또 과대광고인 줄 뻔히 알면서도 제가 요구르트를 기분 좋게 들이켠 이유도 이해가 될 거예요. 장담컨대 앞으로 몸속 세균의 숨겨진 역할이 밝혀지면 밝혀질수록 지금까지 미처 몰랐던 생명의 비밀도 드러날 거예요. 그리고 그런 역할을 해야 할 이들이 바로 이 글을 읽는, 차세대 과학자를 꿈꾸는 여러분들이겠지요.

마지막으로 한 가지만 덧붙일게요. 흔히 한국인의 활약상이 세계적으로 주목을 받을 때마다 빠지지 않고 등장하는 말이 있습니다. '김치의 힘.' 실제로 우리의 밥상에서 김치가 빠지는 일은 드뭅니다. 요즘에는 김치 대신 피클이 자리를 차지하기도 합니다만, 돈가스나 햄버그스테이크 같은 한국화한 양식에서도 김치 반찬은 빠지지 않지요.

그럼 정말로 한국인은 김치의 힘으로 살아가는 걸까요? 아직은 연구가 필요하긴 합니다. 하지만 실제로 한국인의 정체성을 김치가 좌지우지한다는 말이 사실일지도 모릅니다. 왜냐하면 김치를 통해서 우리 몸속으로 들어오는 유익한 세균의 존재감도 앞으로 연구를 거듭할수록 그 비밀이 밝혀질 테니까요.

〰️📖 확장해서 읽기

◎ 인간을 비롯한 동물의 몸에서 활약하는 미생물의 놀라운 능력이 궁금하다면

　☞ 에드 용, 양병찬 옮김, 『내 속엔 미생물이 너무도 많아』(어크로스, 2017)

◎ 미생물 연구에 일생을 바친 과학자 13명의 이야기가 알고 싶다면

　☞ 폴 드 크루이프, 이미리나 옮김, 『미생물 사냥꾼』(반니, 2017)

학교에 갑자기 '거북이'가 많아진 이유

"

디스크 수술은 꼭 해야 하는 걸까?

"

불량 자세 주의보, 당신의 척추가 위험하다!

어렸을 때부터 항상 들었던 질책이 있어요. "자세를 똑바로 해라!" 이 글을 읽는 이들 가운데도 이런 주의를 듣는 경우가 많을 거예요. 하지만 누구나 압니다. 자세를 똑바로 하는 일이 얼마나 어려운지. 주의를 받을 때는 꼰 다리를 풀고, 허리를 펴 보지만 금세 구부정한 자세로 돌아갑니다.

그렇게 나쁜 자세로 수십 년을 지내고 보니 하나둘씩 후유증이 나타나기 시작했습니다. 경추(목뼈)에서 요추(허리뼈)까지 이어지는 척추가 휘었지요. 수시로 허리, 어깨, 목이 아파서 병원도 찾고, 통증을 줄이고자 물리치료나 마사지도 받습니다. 뒤늦게 허리 펴는 데 도움이 된다는 운동도 해 보지만 한번 틀어진 자세는 쉽게 고쳐지지 않지요.

가끔 덜컥 겁도 납니다. 허리, 어깨, 목의 통증이 너무 심해서 '수술'을 했다는 지인이 한둘이 아니기 때문입니다. 이를 실감한 경험도 있습니다. 몇 년 전 어머니께서 병원에서 허리 수술을 받을 때, 간호를 위해 일주일 정도 병원에서 지냈습니다. 웬걸, 허리 수술한 젊은 사람이 왜 이리 많은지. 심지어 이제 갓 대학에 들어간 것처럼 보이는 앳된 환자도 있었습니다. 이쯤 되면 한 가지 질문이 떠오릅니다. 허리나 목이 아픈 사람이 왜 이렇게 늘었을까요?

요가 선생님이 허리 병원을 찾은 이유

본격적으로 이야기를 시작하기 전에 경험 하나부터 공유하지요. 자세를 교정하겠다고 한동안 동네에서 요가를 배운 적이 있습니다. 몇 달간 요가를 배우고 나서도 통증이 계속되자 어쩔 수 없이 병원을 찾았습니다. 그런데 병원에서 요가 강사를 마주쳤습니다. 평소 스트레칭을 비롯한 운동을 그렇게 열심히 하는 요가 강사가 허리 통증 때문에 병원을 찾다니!

척추가 휘고 허리나 목이 아픈 이유는 간단합니다. 자세가 나쁘기 때문입니다. 그렇다면 평소 남보다 훨씬 더 자세에 신경 썼을 요가 강사가 허리 통증 때문에 병원을 찾은 이유는 무엇일까요? 실제로 의사에게 물어보면 체조·발레 선수나 요가 강사가 허리 통증으로 병원을 찾는 경우가 많다고 합니다.

『백년 허리』,『백년 목』 등의 책을 펴낸 정선근 서울대학교병원 재활의학과 교수는 '바른 자세'를 도외시한 것을 원인으로 지목합니다. 항상 우리가 유지해야 할 가장 이상적인 자세는 '전만(前彎)'입니다. 전만은 똑바로 섰을 때 허리나 목이 앞으로 볼록하게 나오는 'C 자' 모양을 일컫습니다.

허리가 완만한 C 자 모양이 되면 자연스럽게 허리는 앞쪽으로 볼록하게 나오고 엉덩이는 뒤로 나갑니다(요추 전만). 마찬가지로 목이 C 자 모양이 되면 목이 앞쪽으로 볼록하게 나오고 가슴도 펴지면서 앞으로 나오지요(경추 전만). 만약 이런 전만 자세를 해치는 운동을 여러 차례 반복하면 허리뼈나 목뼈에 무리를 줍니다.

특히 이렇게 전만을 해치면 허리뼈나 목뼈 같은 척추의 뼈와 뼈 사이에서 완충 역할을 하는 디스크(척추 원반)가 터집니다. 디스크는 찹쌀떡을 연상하면 됩니다. 섬유륜(떡)이 수핵(팥소)을 감싼 모양이기 때문입니다. 이 디스크가 찢어질 때 목이나 허리 통증이 생기는 것입니다. 디스크의 찢어진 곳에서 수핵이 흘러나오면 더욱더 심각한 문제가 생기지요.

조심스럽게 추측해 보면 병원에서 만난 요가 강사도 그런 경우였습니다. 요가에서는 '아기 자세'나 '고양이 자세'처럼 앞으로 허리를 굽히는 기본 동작이 있거든요. 그 요가 강사는 이런 동작을 반복하다가 허리 디스크가 찢어졌을 것입니다. 이렇게 디스크가 손상된 줄도 모르고 나쁜 자세를 반복하다가 결국에는 병원까지 찾은 것일 테고요.

당신도 혹시 일자목-거북목?

여기까지 읽은 이들은 이런 생각을 할 수도 있겠네요. '세상을 20년도 안 산 나는 아직은 괜찮다고!' 과연 그럴까요? 수업 시간에 잠깐 주변을 둘러보세요. 수업에 몰두하는 친구의 모습을 보면 왠지 거북이처럼 보이지 않나요? 너나없이 어깨를 웅크린 상태에서 목만 쏙 내밀고 있습니다(거북목). 어김없이 등딱지에서 머리만 내민 거북이 모양이지요.

이제 일어나서 전신 거울에 옆모습을 비춰 보세요. 아무런 문제가 없다면 똑바로 섰을 때 목이 자연스럽게 C 자 모양이 되어야 합니다. 하지만 어쩌면 목이 1 자에 가깝게 되어 있을 것입니다. 병원에 가서 엑스레이 사진을 찍어 보면 어김없이 '일자목' 진단을 받을 가능성이 크지요. 일자목 상태로 앉아서 어떤 일에 몰두하다 보면 고개만 쏙 내민 거북목 모양이 됩니다.

건양대학교병원에서 2017년 1월에 발표한 자료를 보면, 대한민국 고등학생 10명 가운데 8명이 이른바 '거북목 증후군'을 앓고 있습니다. 18세 고등학생 48명을 대상으로 3차원 엑스레이 장비로 촬영해서 분석한 결과입니다. 도대체 무슨 일이 생겼기에 많은 청소년이 갑자기 거북목이 된 것일까요?

고등학생뿐만이 아닙니다. 건강보험심사평가원 발표 자료를 보면, 2010년에는 목 디스크에 문제가 있는 환자가 70만 명 수준이었습니다. 그런데 2015년도에는 87만 명으로 24.3%나 증가했어요. 몇 년 사이에 목 디스크 환자가 갑자기 늘어난 것입니다. 증가 추세를 살펴보면 2011~2012년에 가파르게 증가했습니다. 짐작하다시피 일자목-거북목 상태가 심해지면 디스크가 찢어집니다.

이 대목에서 스마트폰의 보급 시기를 떠올려 보지요. 목 디스크 환자가 갑자기 늘어난 기간은 2009년 말부터 보급되기 시작한 스마트폰의 이용자 수 증가 시기와 정확히 겹칩니다. 학교에서 장시간 나쁜 자세로 앉아 있을 뿐만 아니라, 스마트폰 이용까지 잦은 고등학생이 거북목 증후군을 앓는 것도 같은 사정이지요.

그렇다면 왜 스마트폰을 이용하면 일자목-거북목이 될까요? 2014년 뉴욕의 정형외과 의사 케네스 K. 한스라즈Kenneth K. Hansraj가 발표한 연구 결과를 보면 이해가 됩니다. 한스라즈는 몸을 앞으로 수그리는 정도에 따라 목에 가해지는 머리의 무게가 얼마나 달라지는지를 컴퓨터로 시뮬레이션했습니다. 그랬더니 목을 앞으로 수그리면 수그릴수록 머리의 무게가 몇 배나 증가했어요.

머리 무게를 5kg으로 가정할 때, 고개를 15도 수그리면 12.3kg, 30도 수그리면 18.2kg, 45도 수그리면 22.2kg, 60도 수그리면 27.2kg의 무게를 느낍니다. 목을 60도 구부리면 머리의 무게가 30kg에 가까워지고요. 0.5리터짜리 생수병 50개(25kg)을 머리에 이고 있는 것과 같은 효과지요.

왜 이런 일이 생길까요? 목을 구부리면 구부릴수록 머리의 무게 그 자체뿐만 아니라, 머리를 특정 위치에 두고자 목 근육이 잡아당기는 힘(수축력)이 동시에 작용합니다. 그러니 지하철이나 버스에서 고개를 숙이고 스마트폰을 본다면, 20kg 이상의 돌덩이를 머리에 지고 있는 꼴입니다.

이런 상황이 반복되면 당연히 목뼈에 변형이 옵니다(일자목). 목뼈가 일자로 변형되어 있으니 수업 시간처럼 앉아서 어떤 일에 집중해야 하면 웅크린 자세에서 목만 쑥 나오고요(거북목). 이러고도 고개를 구부리는 일을 반복하면 결국 목 디스크가 찢어집니다. 목 디스크는 20kg 이상의 목을 견디게끔 만들어지지 않았기 때문이지요.

스마트폰뿐만 아니라 청소년의 목과 허리 건강을 해치는 요소는 많습니다. 공부하느라 하루 종일 책상에 앉아 있어야 하고, 운동을 무리하게 하거나 잘못된 자세로 해도 디스크에 나쁜 영향을 주지요. 이로 인한 통증을 '허리가 좀 아프네' 하고 컨디션 문제로 생각해 놔두면 상태가 나빠지기 쉽습니다.

허리 디스크는 크게 '탈출'과 '파열'로 나눌 수 있어요. '탈출'은 수핵을 감싸고 있는 외륜 주머니가 통째로 밖으로 나온 상태이고, '파열'은 외륜이 찢어지면서 수핵이 쏟아져 나온 상태입니다. 이런 증상을 알리는 몸의 신호에는 어떤 것들이 있을까요? 디스크의 주요 증상은 허리 통증, 발가락과 다리가 저리거나 당기는 느낌, 골반 통증 등입니다. 이런 증상을 종종 느낀다면 평소 자세에 주의를 기울여야 합니다.

사이비의 진실, 디스크 자연 치유

이쯤 되면 겁이 덜컥 날 것입니다. '혹시 나도 어른이 되면 심각한 통증 때문에 목이나 허리 수술을 해야 할까?' 결론부터 말하자면, 지나치게 걱정할 필요는 없습니다. 마치 칼에 베인 손이 차츰 아물 듯이, 찢어진 디스크도 시간이 지나면 아물거든요. 단, 칼에 베인 상처가 금세 아무는 것과는 달리 찢어진 디스크가 아무는 데는 2년 정도가 걸립니다.

찢어진 디스크가 아문다는 사실은 동물실험 결과를 통해서 알려졌습니다. 1990년 오스트레일리아의 정형외과 의사 오소 오스티^{Orso Osti}는 양의 디스크 섬유륜을 전체 두께의 3분의 2가량(약 5밀리미터) 칼집을 내고서 방목했습니다. 2개월 뒤에 양을 잡아 보니 칼집 바깥쪽에 흉터가 자라나면서 상처가 아물기 시작했습니다. 1년 6개월 만에 양의 디스크 바깥쪽은 아물어 있었고요.

이런 실험 결과를 접하면서, 상당수 의사는 수십 년간 지속한 수술 관행에 의문을 품기 시작했어요. '찢어진 디스크가 아문다면 굳이 수술할 필요가 있을까?' 실제로 허리나 목에 극심한 통증을 느껴 병원을 찾은 환자 가운데는 수술하지 않고서도 어느 시점이 지나면 좋아지는 경우가 많았습니다. 자기도 모르게 찢어진 디스크가 아문 것입니다.

허리나 목의 통증을 없애 준다는 사이비 치료사의 성공 비결도 이 때문이에요. 찢어진 디스크는 그런 치료 없이도 자연스럽게 아물거든요. 사이비 치료사는 마침 찢어진 디스크가 아무는 시점에 (그래서 허리나 목의 고통이 가시는 상황에서) 사실은 효과가 없는 치료를 하고서 자기 덕분이라고 의기양양 돈을 요구하는 것입니다.

여기서 한 가지 주의해야 할 점도 있어요. 가끔 칼에 깊이 벤 상처가 있는데도 조심하지 않다가, 피가 멈추고 아물던 곳이 벌어지는 경우가 있지요? 찢어진 디스크도 마찬가지예요. 디스크가 아물고 있는 와중에 찢어진 곳에 힘을 주면 다시 찢어지는 일이 반복됩니다. 앞에서 이야기한 요가 선생님이 그런 경우였을 가능성이 커요. 디스크가 찢어졌는데 또다시 힘을 준 거지요.

허리나 목의 찢어진 디스크는 분명히 아문답니다. 단, 정선근 교수의 표현을 빌리자면 '척추 위생'을 제대로 지킬 때만 그렇습니다.

위생 관념이 없어서 더러운 손으로 음식을 집어 먹는 사람은 입을 통해 균이 들어가니 설사를 자주 합니다. 심한 설사로 고생하다가 나을 만하면 또 더러운 손으로 음식을 먹다가 탈이 나는 일을 반복하겠죠. 이처럼 나쁜 자세를 지속하는 한 절대로 찢어진 디스크는 낫지 않습니다. 손상된 디스크가 아물 수 있도록 척추에 좋은 자세와 행동만 하는 척추 위생이 중요합니다.

— 2018년 1월 4일 인터뷰

십 대부터 바른 자세, 척추 위생

지금 글을 읽는 이들 가운데 몇몇은 자연스럽게 허리를 곧추세우고 어깨를 펴는 자세를 취하고 있을지도 모르겠네요. 바람직합니다. 척추 위생의 기본은 앞서 강조했듯이 몸의 전만(C 자 모양)을 유지하는 것이거든요. 특히 걸을 때나 앉을 때 허리를 펴는 일이 중요합니다. 허리를 펴고, 심하면 건방져 보일 정도로 어깨를 당당하게 편 자세가 최상이지요.

평소 거북목-일자목에 목이나 허리가 아팠다면, 수시로 어깨를 펴고 허리나 목을 뒤로 젖히는 운동을 반복하는 일도 좋습니다. 이렇게 허리나 목을 뒤로 젖혀서 일부러라도 몸의 전만을 만들어 주면 찢어진 디스크가 아무는 데 도움이 된답니다. 당장 따라 해 보면 찌뿌둥한 몸이 시원해질 거예요.

주의할 점이 한 가지 있어요. 지금 목이나 허리가 아프다면 목, 허리를 앞으로 굽히는 운동은 가능한 한 피하는 게 좋습니다. 자칫하면 과하게 앞으로 몸을 구부리는 동작 때문에 아물던 디스크가 찢어질 염려가 있거든요. 물론 평소 목이나 허리 통증이 없이 건강한 경우라면 이런 운동이 몸을 유연하게 하고 근육을 강화한답니다.

　마지막으로 당부할 게 하나 더 있어요. 스마트폰, 컴퓨터 모니터를 볼 때의 척추 위생입니다. 이쯤 되면 스마트폰을 볼 때, 고개를 숙이고 웅크린 자세가 얼마나 안 좋은지 확실히 알았을 거예요(머리에 20kg 이상의 돌덩이를 지고 있는 모습을 상상하세요!). 그러니 가능한 한 스마트폰을 사용할 때, 고개를 숙이는 일을 최소화해야 합니다.

　그럼 모니터는 어떨까요? 당장 집에 있는 모니터 밑에 안 보는 두꺼운 책을 몇 권 쌓으세요. 조금 과하다 싶을 정도로 모니터를 시선보다 높이는 게 최선입니다. 지금까지의 이야기가 잔소리 같다고요? 그래도 어쩔 수 없어요. 목과 허리 건강은 십 대 때부터 지켜야 하거든요. 어렸을 때 손 씻는 습관을 강조하듯이 척추 위생 강조가 필요합니다. 여러분은 제발 나처럼 되지 마세요!

🔖 확장해서 읽기

◎ 비과학적 시술 또는 요법에 현혹되지 않고 제대로 된 의학 정보를 바탕으로 목과 허리를 건강하게 관리하고 싶다면
　☞ 정선근, 『백년 허리』(사이언스북스, 2015)
　☞ 정선근, 『백년 목』(사이언스북스, 2017)

5장   인간 ‒ 비틀어 보다

'집단 지성'인가, '집단 바보'인가

> ## '우리'는 '나'보다
> ## 똑똑하다고?

집단 지성의 힘

지금 당신은 1등 상금 5,000만 원이 걸린 퀴즈 쇼에 출연했습니다. 이제 한 문제만 맞히면 상금 5,000만 원은 당신 것이 됩니다. 그런데 이게 웬일입니까? 사회자가 읽은 문제의 답이 무엇인지 알쏭달쏭하기만 합니다. 다행히 당신에게는 지금까지 쓰지 않은 한 번의 힌트를 얻을 기회가 있습니다. 사회자가 묻습니다.

"힌트를 얻을 수 있는 기회를 지금 사용할 수 있습니다. 당신이 이 문제의 답을 아는 전문가 한 사람에게 물을 수도 있고, 관객 전체의 의견을 물을 수도 있습니다."

여러분은 누구에게 답을 얻을 건가요? 저라면 관객 전체의 의견을 묻겠습니다. 그래도 평범한 관객보다는 전문가가 낫지 않겠느냐고요? 놀라지 마세요. 미국의 한 퀴즈 쇼(〈Who Wants To be a Millionaire?〉)에서 전문가가 정답을 맞힌 확률은 65%인 반면, 관객 가운데 다수의 지지를 받은 답이 정답인 확률은 91%나 됩니다.

이런 퀴즈 쇼의 예는 흔히 집단 지성이 얼마나 힘이 센지를 보여주는 좋은 예로 거론됩니다. 그럼 과학기술의 발달로 다수가 쉽게 자신의 의견을 표출할 수 있게 된 지금이야말로 집단 지성을 활짝 꽃피울 수 있는 시간일까요? 결론부터 말하자면, 전망은 부정적입니다. 그 이유는 이렇습니다.

평범한 사람의 반란, 집단 지성의 등장

집단 지성이 처음 주목받기 시작한 때는 18세기 유럽의 계몽주의 시대였습니다. 당시는 일부 지식인을 중심으로 시간이 지날수록 세상이 좀 더 나은 쪽으로 변할 것이라는 '역사의 진보'와 같은 믿음이 생겨나던 때였습니다. 그 가운데 상당수는 역사의 진보가 왕이나 귀족과 같은 특권층이 아니라 다수의 시민에 의해 이루어지리라고 믿었지요.

그런 지식인을 대표하는 인물이 바로 프랑스의 마르키 드 콩도르세Marquis de Condorcet였습니다. 그는 수학에 조예가 깊었던 사상가이자 1789년 프랑스혁명을 열광적으로 지지했던 정치가였습니다. 이렇게 다방면에 재주와 관심이 많았던 그는 프랑스혁명이 일어나기 몇 년 전(1785), 통계학의 입장에서 민주주의를 지지하는 정리를 하나 발표합니다.

콩도르세의 정리는 단순합니다. 한 사람, 한 사람이 정답을 맞힐 확률이 무작위로 정답이 나올 확률보다 조금만 크다면 다수결이 최선의 정답을 고를 수 있으리라는 것입니다. 예를 들어, 선택지가 둘이라면 무작위로 한쪽이 정답일 확률은 50%입니다. 그런데 한 사람, 한 사람이 정답을 맞힐 가능성이 50%를 조금 넘는다면 어떻게 될까요?

참여 인원이 늘어날수록 정답이 선택될 확률은 커지겠지요. 인원수가 충분히 크다면, 설사 몇몇이 정답을 맞힐 능력이 50%가 안된다고 하더라도 별다른 문제가 안 될 거예요. 콩도르세는 이것이야말로 똑똑하지 못한 한 사람, 한 사람이 모인 다수가 내린 결정이 결과적으로는 최선인 이유라고 생각했습니다.

이렇게 민주주의를 옹호하는 콩도르세의 정리가 바로 '집단 지성의 핵심 원리'입니다. 글머리에서 살펴봤듯이 퀴즈 쇼의 관객 한 사람, 한 사람은 전문가 한 사람보다 지식이 모자랄 수 있습니다. 하지만 관객 여럿이 동시에 목소리를 낼 때의 결론은 전문가 한 사람의 결론보다 더 나을 수 있지요.

1907년 영국의 프랜시스 골턴^{Francis Galton}이 발표한 실험 결과도 유명합니다. 골턴은 787명의 관객에게 황소의 체중을 예측하도록 했습니다. 물론 그 가운데 정확한 값을 맞힌 사람은 한 명도 없었지요. 하지만 그들이 예측한 값을 평균했더니 황소의 체중과 거의 일치했습니다.

사람뿐만이 아닙니다. 물고기 한 마리, 한 마리가 포식자를 포착하고 피하는 일은 상당히 어려운 일입니다. 하지만 물고기 떼라면 어떨까요? 물고기 한 마리, 한 마리의 불완전한 정보를 모아서 물고기 떼는 포식자를 효과적으로 피합니다. 물고기가 한 마리씩 다니는 것이 아니라 떼로 모여서 다니는 데는 다 이유가 있는 셈입니다.

집단의 배신, 집단 바보의 등장

여기까지만 살펴보면 집단 지성이야말로 민주주의 시대에 걸맞은 지식 생산의 모범처럼 보입니다. 그럼 2011년 5월에 발표된 다음 연구 결과는 어떤가요?

독일의 얀 로렌츠^{Jan Lorenz} 박사 팀은 스위스 취리히에서 144명의 학생에게 금전 보상을 약속하고 다양한 질문의 답을 예측하는 실험을 했습니다. '2006년 스위스에서 일어난 살인 사건의 수'처럼 답은 모두 세상에 알려진 것이었어요. 단, 연구자는 질문을 던질 때마다 때로는 다른 이의 예측 결과를 알려 주고, 때로는 스스로 예측하도록 상황을 바꿨습니다.

결과는 어땠을까요? 우선 상황에 따라 답변이 크게 달랐습니다. 그렇다면 어느 쪽이 좀 더 정답에 근접했을까요? 흥미롭게도 다른 이의 예측 결과를 알려 주었을 때(사회적 영향력이 작용할 때) 144명의 학생은 더욱더 정답과는 거리가 먼 엉뚱한 답변을 내놓았습니다. 사회적 영향력이 집단 지성의 힘을 무력화한 것입니다.

이 실험을 주도한 이들은 세 가지에 주목했습니다. 첫째, 다른 이의 판단을 그저 듣는 것만으로도 예측의 다양성이 감소했습니다. 그러니까 스위스의 2006년 살인 사건 수(198건)를 비교적 정확하게 예측했던 사람도 다른 사람의 터무니없는 예측(약 800건)을 듣고서 자신의 의견을 바꾼 거예요. 실험이 진행될수록 답변이 200건 대 800건으로 좁혀지는 결과가 나왔습니다.

둘째, 이렇게 예측이 한두 가지로 좁혀지면 집단이 부정확한 결론을 내릴 가능성은 더욱 커집니다. 실제로 사회적 영향은 스위스의 2006년 살인 사건 수를 200건이 아니라 800건으로 예측하도록 하는 틀린 결론으로 이끄는 경우가 있었습니다. 다수의 틀린 예측이 맞은 예측을 압도해 버리는 것이지요.

셋째, 이 대목이 제일 심각합니다. 혼자서는 설사 정확하게 예측했더라도 자신의 것을 확신하지 않았습니다. ("200건 정도 아닌가요?") 그런데 여럿이 비슷한 예측을 하자 그것이 틀렸더라도 확신하는 경향을 보였습니다. ("맞아요. 800건이 확실해요!") 부풀 대로 부풀어 터

지기 직전의 주식 시장이나 부동산 시장에 너도나도 수익을 '확신'하며 뛰어드는 현상과도 흡사하지요.

사회적 영향력이 없을 때, 그러니까 144명이 독립적으로 판단할 때는 어느 정도 집단 지성이 나타날 가능성이 있습니다. 하지만 144명이 서로 영향을 주고받는 상황에서는 집단 지성이 나타나기는커녕, 오히려 개인의 판단보다도 못한 잘못된 결론을 내려놓고도 자신이 맞다고 우기는 심각한 상황이 나타날 수 있습니다.

이 대목에서 1951년 폴란드 태생의 미국 심리학자 솔로몬 애쉬 Solomon Asch가 했던 유명한 심리 실험도 소개할게요. 애쉬는 일곱 사람을 한 그룹으로 묶고서, 미리 여섯 사람에게 연기를 해 달라고 부탁합니다. 그리고 일곱 사람에게 선분 하나를 보여 주고, 세 개의 보기 가운데 그 선분과 길이가 같은 것이 무엇인지 물어봅니다.

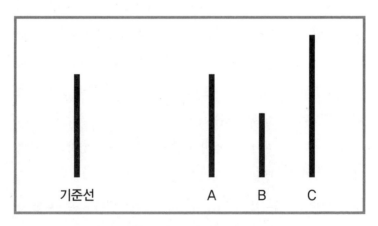

"기준선과 길이가 같은 선분을 찾아보세요!"

세 개 가운데 하나(A)는 얼른 봐도 길이가 같지요. 하지만 연기를 부탁받은 여섯 사람은 차례로 길이가 터무니없이 다른 하나(B)를 답으로 택합니다. 이 상황에서 나머지 한 명은 어떤 선택을 할까요? 실험 결과는 놀랍습니다. 남은 한 명 역시 다수가 선택한 틀린 답(B)을 고릅니다. 열두 번의 실험이 반복되는 동안, 50명 가운데 37명(74%)이 한 번 이상 이렇게 틀린 답을 선택하지요.

사실 동조 효과는 일상생활에서도 쉽게 볼 수 있습니다. 학교가 끝나고 친구 셋과 집에 가다가 간식을 먹기로 합니다. "나는 떡볶이!" "나도 떡볶이! 너는?" 이럴 때 혹시 피자가 먹고 싶었는데도 떡볶이를 먹기로 결정한 적은 없었나요? "응, 나도 떡볶이!" 이렇게 답했다면, 여러분도 동조 효과에 사로잡힌 것입니다.

집단 지성의 위기, 민주주의의 위기

지금 우리의 모습은 어떤가요? 우리는 수시로 포털 사이트에 올라오는 온갖 국내외 뉴스에 영향을 받습니다. 유명한 연예인의 스캔들이 날 때마다 그 뉴스를 본 사람들이 동시에 똑같은 이름을 검색하는 바람에 그 연예인은 순식간에 실시간 검색어, 즉 동시에 많이 찾아본 단어가 됩니다.

카카오톡, 페이스북, 인스타그램, 트위터 같은 소셜 미디어(SNS)의 영향력은 어떻고요? 우리는 가족, 친구, 지인이 SNS를 통해서 전파하는 갖가지 정보에 노출된 채 살아갑니다. 우리가 사는 사회를 그냥 '연결 사회'도 아니고 '초(超)연결 사회'라고 부르는 이유도 바로 이 때문입니다.

초연결 사회에서 우리는 과연 사회적 영향력으로부터 자유롭게 살아갈 수 있을까요? 모두가 똑같은 뉴스를 보면서 심각해하고, 똑같은 드라마나 동영상을 보면서 즐거워하고, 모든 것에 똑같이 반응하는 사회에서 집단은 똑똑한 지성이 되기보다는 어리석은 바보가 될 가능성이 훨씬 더 큽니다.

실제로 곳곳에서 그런 일이 벌어지고 있습니다. 제2차 세계대전 때 나치스 독일이 유태인 600만 명을 아우슈비츠 수용소 등에서 학살한 홀로코스트는 사실입니다. 하지만 인터넷 공간에서는 "홀로코스트가 통째로 날조된 일"이라는 주장이 버젓이 존재하고, 수많은 사람이 그것을 믿습니다. (이들이 열렬하게 지지하는 정치인이 바로 미국 대통령 도널드 트럼프입니다.)

우리는 과연 집단 지성을 구할 수 있을까요? 미국의 법학자 캐스 선스타인Cass Sunstein은 건강한 사회, 또 건강한 조직을 위해서는 '다른 의견'이 꼭 필요하다고 목소리를 높입니다. 다른 의견이야말로 집단이 잘못된 결론으로 폭주하는 불상사를 막을 브레이크라는 것입니다. 동화 속의 아이처럼 "임금님은 벌거숭이"라고 외치는 자유를 보장해야 한다는 거지요.

이 대목에서 이런 질문이 나올 법합니다. 만약 다른 의견이 틀린 것이라면 어떻게 해야 할까요? 예를 들어, 우리는 "홀로코스트가 통째로 날조된 일"이라는 주장을 하는 이의 발언권도 인정해야 할까요? 다른 의견을 포함한 표현의 자유를 누구보다 강조했던 존 스튜어트 밀^{John Stuart Mill}은 그것이 '진실'이든 '거짓'이든 표현의 자유는 100% 보장해야 한다고 주장합니다.

밀은 다수 의견이 항상 절대적으로 옳다는 전제부터 잘못됐다고 짚고 넘어갑니다. 어떤 사안이든 통설이나 다수 의견이 전적으로 옳은 경우는 거의 없기 때문에, 그와 다른 소수 의견에 진실이 들어 있을 수도 있다는 겁니다. 만약 다른 의견이 옳은 주장이라면, 인류는 오류 대신 진리를 얻을 기회이니 당연히 표현의 자유를 보장해야 하는 거지요. 설사 틀린 주장이라도 표현의 자유는 보장해야 합니다. 옳은 주장과 틀린 주장의 논쟁을 통해서 진리가 더욱더 돋보일 테니까요. 즉 틀린 주장 역시 그 자체로 사회적 효용이 있다는 지적입니다.

이제 자신을 돌아볼 때입니다. 혹시 은연중에 언론 혹은 SNS를 통해 접하는 정보를 무비판적으로 받아들이지는 않았나요? 자신의 주관이나 취향이 아니라 타인의 주관이나 취향에 휘둘리면서 살아오지는 않았나요? 듣기 좋은 의견에만 눈과 귀를 열어 놓고 살지는 않았나요? 이 모든 것의 결과가 바로 '집단 바보'이고, 그것이 곧 민주주의의 위기입니다.

❤ 겹쳐 읽기

17쪽 〈'위험한' 선거에 반대한다〉에서는 대의제 민주주의를 뒷받침하는 선거제도를 근본적으로 성찰하면서 대안을 모색하고 있습니다. 여러 한계를 가지게 마련인 인간의 선택을 보완하는 또 다른 시도입니다.

❤ 확장해서 읽기

◎ 전문가 개인보다 탁월한 대중의 지혜가 발휘된 사례를 살펴보며, 개인을 넘어서는 집단의 능력을 발견하고 싶다면

   ☞ 제임스 서로위키, 홍대운·이창근 옮김, 『대중의 지혜』(랜덤하우스코리아, 2005)

◎ 역사적 사례 및 심리 실험의 결과를 통해 집단에서 차이와 이견이 얼마나 중요한지 생각하고 싶다면

   ☞ 캐스 선스타인, 박지우·송호창 옮김, 『왜 사회에는 이견이 필요한가』(후마니타스, 2015)

억대 연봉자가
세상을 바꾸는 똑똑한 방법

> ## 세상을 바꾸는 데는
> ## 열정만으로 충분할까?

누구를 위한 구호 성금인가

2011년 3월 11일, 일본 동북쪽 바다에서 지진이 발생했습니다. 쓰나미(지진 해일)가 도호쿠 지방을 비롯한 동일본을 덮치면서 막심한 피해가 있었지요. 후쿠시마 발전소가 가동을 멈추고 방사성 물질이 쏟아져 나온 일은 가장 끔찍한 사고였습니다. 이 사고로 약 1만 5,000명이 목숨을 잃었습니다.

이 재난은 전 세계로 전해졌고, 우리나라를 포함한 전 세계인의 이목은 며칠간 일본에 집중되었지요. 아니나 다를까, 전 세계에서 도움의 손길이 이어졌습니다. 지진 직후 약 50억 달러(약 5조 5,000억 원)의 국제 원조 금액이 모금되었습니다. 재난 앞에 전 세계인이 하나가 된 훈훈한 모습이었지요.

그런데 후쿠시마 사고가 일어나기 1년 전인 2010년 1월 10일에도 끔찍한 재난이 있었습니다. 세계에서 가장 가난한 나라 가운데 한 곳인 아이티의 수도 포르토프랭스 서쪽 25킬로미터 떨어진 곳에서 지진이 발생했습니다. 이 지진으로 약 28만 채의 건물이 붕괴되었고, 약 15만 명의 사망자가 발생했습니다.

아이티의 재난 소식도 전 세계로 전해졌고, 곧 도움의 손길이 모였습니다. 1년 뒤에 일어난 동일본 대지진 때와 마찬가지로 약 50억 달러가 모금되었습니다. 역시 전 세계가 하나가 된 훈훈한 모습이었지요. 하지만 좀 더 냉정하게 따져 보면 꺼림칙한 대목이 있습니다. 일본과 아이티에 똑같이 돈 50억 달러가 모금되었다는 사실이 그렇습니다.

앞에서 언급했듯이, 동일본 지진의 사망자는 약 1만 5,000명이었습니다. 반면에 아이티 대지진은 그 10배인 약 15만 명이 목숨을 잃었지요. 더구나 일본의 GDP(국내 총생산)는 아이티보다 수백 배 더 많습니다. 인구를 염두에 두고 1인당 GDP를 따져 봐도 일본은 아이티보다 훨씬 더 부유한 나라입니다. 당연히 일본은 그런 대규모

재난에 대비할 자원이 충분한 나라지요.

오죽하면 일본 적십자사가 동일본 대지진이 일어난 지 나흘 만에 이런 성명을 발표했겠어요? "현시점에서 구호금 및 여타 지원이 필요하지 않습니다." 이런 사실을 염두에 두면, 무엇인가 잘못되었습니다. 아이티 대지진 때는 동일본 대지진 때보다 모금액이 최소한 몇 배는 더 되었어야 하지 않을까요? 오늘의 이야기는 여기서 시작됩니다.

재난 현장에 기부하지 마라!

세상이 하도 각박하다 보니 우리는 어려운 처지에 놓인 타인을 돕는 따뜻한 손길에 무조건 지지를 보내곤 합니다. 동일본 대지진이나 아이티 대지진처럼 재난이 발생했을 때, 십시일반 힘을 보태는 일은 칭송받아 마땅한 행동이라고 생각하지요. 하지만 좋은 의도가 항상 최선의 결과를 낳는 것은 아닙니다.

재난 구호의 경우가 대표적입니다. 재난은 그 끔찍함 때문에 짧은 기간에 집중적으로 언론의 주목을 받습니다. 그래서 훨씬 더 많은 사람이 작은 힘이라도 보태고자 기꺼이 주머니를 열지요. 며칠 만에 거의 50억 달러가 모인 동일본 대지진이나 아이티 대지진의 경우가 대표적인 예입니다.

하지만 바로 이런 사정 때문에 재난 구호는 한계도 명백합니다. 우선 재해의 심각성에 맞춤한 구호가 어렵습니다. 앞에서 언급했듯이 동일본 대지진과 아이티 대지진의 구호 액수가 50억 달러로 똑같았던 것은 좋은 예입니다. 국제사회가 좀 더 합리적으로 따졌더라면, 아이티 대지진의 구호 액수가 동일본 대지진 때보다 몇 배는 더 많았어야 하지요.

실제 재난의 규모와 무관하게 언론의 영향에 좌지우지되는 것도 문제입니다. 2008년 중국 쓰촨성 대지진 때는 무려 8만 7,000여 명이 사망했습니다. 일본 지진 사망자의 5배 이상, 아이티 대지진 사망자의 절반에 맞먹는 수준이에요. 하지만 이때의 국제 원조 금액은 5억 달러(약 5,500억 원)에 불과했습니다. 다른 지진 때처럼 세계 언론의 주목을 받지 못하면서 벌어진 일이지요.

기왕 따져 본 김에 좀 더 깊숙이 들어가 볼까요? 에이즈, 말라리아, 결핵 같은 비교적 쉽게 예방할 수 있는 질병으로 지금 이 순간에도 전 세계 곳곳에서 여러 사람이 목숨을 잃습니다. 매일 동일본 대지진 때의 사망자보다 더 많은 1만 8,000여 명의 아이들이 이런 예방 가능한 질병으로 목숨을 잃지요. 그런데 이런 아이들에 대한 국제적 관심은 턱없이 부족합니다.

숫자로 비교하면 더욱더 감이 확실히 옵니다. 동일본 지진 당시의 원조 금액은 사망자 1명당 약 33만 달러(약 3억 6,340만 원)였습니다. 하지만 지금 이 순간에도 가난 때문에 영양실조나 질병 감염 등으로 고통받다가 목숨을 잃은 사망자 1명당 기부금은 평균 1만 5,000달러(약 1,650만 원)에 불과합니다.

그렇다면, 이런 사실에서 우리는 무엇을 배워야 할까요? 끔찍한 재난에 마음이 아파서, 작은 도움이라도 주고 싶어서 주머니를 여는 일은 물론 칭찬받아 마땅한 행동입니다. 하지만 평소에 가난한 나라의 말라리아 퇴치 활동을 하는 단체를 후원한다면 훨씬 더 많은 이에게 도움을 줄 수 있습니다.

가만히 주의를 기울여 보면 이런 일이 한두 가지가 아니에요. 여기 좋은 일에 쓸 수 있는 5,000만 원이 있습니다. 그리고 여러분 앞에는 두 가지 선택지가 있습니다. 먼저 5,000만 원으로 시각장애인 안내견 한 마리를 훈련시킬 수 있습니다. 그 돈으로 안내견 한 마리를 교육시킨다면 시각장애인 한 사람의 삶의 질이 전과는 비교할 수 없을 정도로 나아지겠지요.

시야를 조금만 넓혀 보면 그 5,000만 원을 다른 곳에 쓸 수도 있습니다. 세균 감염으로 결막에 염증이 생겨서 시력을 잃을 수 있는, 가난한 나라의 트라코마 환자가 있습니다. 이 환자 한 사람의 실명 예방 수술에 약 10만 원이 듭니다. 5,000만 원이면 가난한 나라의 트라코마 환자 500명의 실명을 예방할 수 있습니다.

시각장애인 한 명의 삶의 질을 높이는 일과 트라코마 환자 500명의 실명을 막는 일이 앞에 놓여 있을 때, 5,000만 원을 어디다 쓰는 게 더 효과적일까요? 피터 싱어 Peter Singer 나 윌리엄 맥어스킬 William MacAskill 같은 철학자는 기왕이면 후자를 선택해야 한다고 목소리를 높입니다. 그리고 그런 선택을 하도록 돕는 입장을 '효율적 이타주의

(effective altruism)'라고 명명합니다.

차라리 억대 연봉자가 되어라!

효율적 이타주의를 따르는 이들은 진로 선택을 놓고서도 다른 조언을 합니다. 그들의 생각을 한번 따라가 봅시다. 여기 타인을 돕고 싶은 이타주의로 가득한 청년이 있습니다. 그는 환자의 목숨을 살리는 숭고한 일에 동참하고자 일찌감치 꿈을 의사로 정했습니다. 실제로 공부를 열심히 해서 의과대학에 진학했습니다.

의과대학을 졸업한 그의 앞에 두 가지 선택지가 있습니다. 하나는 의사 수가 턱없이 모자란 아프리카 같은 나라로 가서 그곳 사람의 목숨을 구하는 일입니다. 다른 하나는 비교적 많은 수입이 보장된 서울의 한 종합병원에서 근무하거나 아예 성형외과 같은 돈벌이가 잘되는 개인 병원을 개원하는 일입니다.

타인을 돕는 데 남다른 관심을 가진 이타주의자 대다수는 당연히 전자를 선택하겠지요. 그리고 실제로 그런 선택을 하고, 아프리카 같은 가난한 나라에서 현지인과 부대끼면서 의료 봉사를 하는 훌륭한 의사나 간호사가 많습니다. 그런데 효율적 이타주의자는 오히려 후자를 선택하라고 조언합니다.

효율적 이타주의자가 후자를 선택하는 이유는 이렇습니다. 이 청년이 아프리카행을 택한다면 그것은 그 자체로 훌륭한 일입니다. 그의 선택 덕분에 아프리카에는 훌륭한 의사가 1명 더 늘어나니 좋은 일이지요. 하지만 만약에 그가 서울의 종합병원이나 성형외과에서 번 돈의 상당수(절반 정도)를 아프리카 질병 예방을 위해서 기부한다면 어떨까요?

효율적 이타주의자의 계산에 따르면, 가난한 나라에서 의사로 일하면 매년 4명, 즉 35년간 140명의 생명을 구할 수 있습니다. 하지만 종합병원이나 개인 병원의 의사로 일해서 연간 2억 원의 수익을 얻는다면, 35년간 70억 원을 벌 수 있습니다. 이 소득의 절반, 즉 연간 1억 원을 아프리카 나라의 말라리아를 예방하는 활동에 기부한다면 35억 원이 갑니다.

보통 말라리아 방지용 살충 모기장을 배포하면 약 400만 원에 1명의 목숨을 구할 수 있습니다. 35억 원을 400만 원으로 나누면 875명! 그러니까 매년 25명의 생명을 구할 수 있는 거죠. 아프리카로 직접 가서 의사로 활동하는 것보다 6배나 더 많은 생명을 구할 뿐만 아니라, 기부하고 남은 1억 원으로 안락한 생활을 하거나 또 다른 좋은 곳에 쓸 수도 있지요.

효율적 이타주의자는 이렇게 기부를 위한 돈벌이야말로 남을 돕는 효율적인 방법 가운데 하나라고 목소리를 높입니다. 이런 주장대로라면 고등학교를 다닐 때 수학에 재능을 보였던 이 청년이 의사가 되기보다는 수십억 원의 고소득을 올리는 성공한 사업가가 되는 것이 훨씬 더 나았겠지요.

세상을 바꾸는 똑똑한 방법

어떻습니까? 실제로 효율적 이타주의 운동을 이끄는 맥어스킬 같은 철학자는 기부를 위한 돈벌이의 취지에 공감하는 이들로부터 평생 기부 서약을 받는 방법 등으로 약 5억 달러(약 5,500억 원) 이상을 모금하는 성과를 올렸습니다. 《뉴욕타임스》, BBC 같은 세계의 주요 언론도 이런 문제의식과 활동에 주목했고요.

이쯤 읽다 보면 여러분의 머릿속도 복잡해졌을 거예요. 실제로 이런 주장과 실천에 여러 반박도 있습니다. 『보보스』, 『소셜 애니멀』 같은 책으로 세계적으로 유명한 《뉴욕타임스》의 칼럼니스트 데이비드 브룩스David Brooks도 비판자 가운데 한 사람입니다. 그는 기부를 위한 돈벌이의 '변질' 가능성을 꼬집습니다.

> 당신이 헌신하고자 하는 명분, 이를테면 말라리아를 박멸하기 위한 편리한 수단이 금융업이라는 생각으로 그 일을 시작했을지도 모른다. 하지만 … 어떤 활동, 어떤 생각을 할 때마다 당신은 조금씩 개조된다. … 일상적인 행동과 뼛속 깊이 품은 뜻의 간극이 넓어지다 보면 당신은 차츰 일상 속 당신의 모습을 닮아 갈 테고 초심과는 차츰 멀어질 것이다.
>
> — 윌리엄 맥어스킬, 전미영 옮김, 『냉정한 이타주의자』(부키, 2017), 228쪽

효율적 이타주의자 맥어스킬은 이런 비판의 타당성을 인정하면

효율적 이타주의의 이유와 방법에 대해 이야기하는 피터 싱어의 TED 강연.
그는 사고실험을 통해 감정과 실용성이 균형을 이루는 법에 대해 이야기한다.

서도 자신의 뜻을 굽히지 않습니다. 만약 돈벌이를 하면서 애초의 동기가 시들해진다면 그 순간 언제든지 봉사 활동에 직접 뛰어들 수 있다는 거예요. 앞의 청년의 예를 들자면, 마음만 먹는다면 서울에서 의사를 하다가 아프리카행을 선택할 수 있다는 것이지요.

맥어스킬은 덧붙여서 효율적 이타주의자 간의 연대가 이런 '변질'의 문제를 해결할 수 있으리라고 기대합니다. 혼자서 돈벌이를 하다 보면 이타주의 동기가 시들해질 수 있지만, 뜻을 같이하는 여럿과 소통하고 격려하면 그런 변질의 위험이 더 적어지리라는 것이지요. 그가 평생 기부 서약 운동을 하는 것도 바로 이런 변질을 막기 위한 방법 가운데 하나입니다.

실제로 맥어스킬과 같은 효율적 이타주의자의 주장에는 경청할 부분이 많습니다. 특히 여럿의 선의로 십시일반 모은 돈이 허투루 쓰이지 않도록 꼼꼼하고 냉정하게 따져 봐야 한다는 주장이 그렇습니다. 똑같은 돈 5,000만 원이 있다면 시각 장애인의 안내견을 훈련하기보다는 트라코마 환자 500명의 실명을 막는 데 써야 한다는 주장에는 강력한 힘이 있습니다.

하지만 한편으로는 이런 걱정도 듭니다. 타인을 돕는 행동에는 '이성'보다는 공감과 같은 '감성'이 중요한 역할을 합니다. 평소 이것저것 따지며 계산속이 밝은 사람치고 남을 돕는 데 적극적으로 나서는 걸 보기 어려운 것도 이 때문입니다. 그러니까 효율성을 추구하는 사람 가운데 과연 이타주의에 적극 공감하고 실천하는 사람이 얼마나 있을까 의심이 된다는 거지요.

그럼에도 불구하고 효율적 이타주의자는 뜨거운 가슴(감성)과 차가운 머리(이성)가 만났을 때, 세상을 어떻게 좀 더 똑똑하게 바꿀 수 있을지 상상력을 자극합니다. 여러분의 생각은 어떻습니까?

📖 확장해서 읽기

◎ 일상적으로 실천하는 '이타적 행위'가 실제로 세상에 득이 되는지 실이 되는지 냉정하게 따져 보고 싶다면
　　☞ 윌리엄 맥어스킬, 전미영 옮김, 『냉정한 이타주의자』(부키, 2017)

◎ 연민이나 동정심 대신 철저하게 계산된 합리적 이타주의가 왜 필요한지 알고 싶다면
　　☞ 피터 싱어, 이재경 옮김, 『효율적 이타주의자』(21세기북스, 2016)

우리는 모두
사이보그다!

> ❝
> 자연과 인공을 나누는
> 확실한 경계가 존재할까?
> ❞

'자연스러움'에 대한 고찰

얼마 전에 중학교 선생님과 대화를 나누다가 재미있는 일화를 들었어요. 아침에 어린아이를 챙기고 나서 출근해야 하는 이 선생님은 꼼꼼히 화장할 시간이 없다고 해요. 그래서 대충 기본 화장만 하고서 출근하는 경우가 대부분이었답니다. 그런데 어느 날, 같은 반 학생들과 간식을 먹는데 한 학생이 진지하게 이렇게 말했대요.

"선생님, 화장 좀 신경 쓰고 다니세요."

세상이 변했습니다. 학생이 화장을 하면 큰일이라도 난 줄 알던 때가 있었어요. 그런데 요즘에는 고등학생, 중학생은 물론이고 심지어 초등학생 가운데서도 화장을 하는 학생이 종종 있습니다. 물론 여전히 어떤 선생님은 학생이 화장하는 걸 놓고서 쌍심지를 켜기도 하지요. 하지만 앞으로 시간이 지날수록 학생이 화장하는 일에 대한 규제가 느슨해질 거예요.

이뿐만이 아닙니다. 주위를 둘러보면 치열을 가지런히 교정하도록 몇 년간 치아 교정기를 끼는 학생이 상당히 많아요. 고등학교 3학년 입시를 치르고 대학교 입학식 때까지의 기간에 성형수술을 하는 경우도 많지요. 쌍꺼풀 수술은 기본이고, 코를 높이거나 드물지만 아예 얼굴뼈를 깎아서 얼굴 윤곽을 다듬는 경우도 있고요.

성인의 경우에는 더합니다. 대중이 서양인의 체형을 선호하다 보니 여성 연예인 가운데는 작은 가슴을 크게 키우는 수술을 하는 경우가 많아요. 여성뿐만이 아닙니다. 남성 가운데서도 쌍꺼풀 수술을 하거나 코를 높이는 경우가 종종 있고, 요즘에는 탈모 때문에 머리카락을 심기도 해요.

이쯤 되면 혼란스러워집니다. 우리는 오랫동안 '자연스러운' 아름다움을 최고라고 생각해 왔어요. 어떤 연예인을 놓고서 '자연 미인'이라고 칭송하는 것도 이 때문이지요. 누군가를 '성형 미인'이라고 지칭하면 은근히 비하하는 뉘앙스가 있고요. 그런데 과연 '자연스러운' 게 뭘까요? 도대체 요즘 '자연스러운' 게 있기는 한 걸까요?

자연보호 구역은 '자연' 상태가 아니다

휴가철이 되면 많은 사람이 '인공'이 아닌 '자연'을 찾아가고자 고생을 마다하지 않습니다. 우리나라 곳곳의 국립공원은 훼손되지 않은 자연 속에서 단 며칠이라도 지내려는 이들 때문에 몸살을 앓지요. 그런데 '자연'보호 구역인 국립공원은 과연 자연스러운 공간일까요? 진실은 이렇습니다.

한국의 국립공원과 같은 전 세계의 자연보호 구역은 3,000곳 정도로, 지구 전체 땅의 3% 정도입니다. 보통 사람은 이런 자연보호 구역이 처음부터 지금과 같은 원시 상태였다고 생각합니다. 하지만 이런 자연보호 구역은 대부분 원시 상태와 거리가 멀었어요. 상당수 자연보호 구역은 그곳의 원주민을 추방하고 나서 만들어졌습니다.

오늘날 자연보호 구역의 원형을 만든 미국 국립공원의 역사는 이를 잘 보여 줍니다. 미국 정부는 1872년 세계 최초의 자연보호 구역으로 지정된 옐로스톤 공원을 만들면서, 그 공원에 사는 원주민 쇼쇼니족을 강제 추방했어요. 이 과정에서 미국 군대는 추방에 저항하는 약 300명의 아메리칸인디언을 학살했습니다.

중앙아메리카의 관광 국가 벨리즈의 예는 더 극적이죠. 세계 최고의 자연보호 국가로 꼽히는 벨리즈 역시 '만들어졌어요'. 부유한 제1세계 사람들의 생태 관광을 위해서 원주민은 자연보호 구역 곳곳에서 폭력적인 방식으로 추방되었지요. 이제 벨리즈 주민의 상당수는 자기 땅에서 쫓겨난 채, 관광객에게 토착 문화를 팔아서 생계를 꾸립니다.

지리산·한라산·설악산 국립공원의 모습 역시 애초부터 지금과 같은 상태가 아니었어요. 국립공원으로 묶인 곳에는 오랫동안 그곳에서 농사를 짓거나, 사냥을 하면서 생계를 꾸리던 사람이 있었어요. 그러니 우리가 열광하는 자연 상태를 상징하는 국립공원 역시 미국의 본보기를 따라서 만들어진 공간으로 보는 것이 타당할 거예요.

순수하지 않은 아기

이제 시야를 좁혀서 우리 몸으로 눈을 돌려 볼까요? 아마도 세상에서 가장 자연스러운 상태로 여겨지는 존재는 바로 갓 태어난 아기일 거예요. '티 묻지' 않은 아기가 자는 모습이나 웃는 모습을 보고 있노라면 평소에 아이라면 질색하던 사람이라도 저절로 미소를 짓게 되지요.

그런데 과연 아기의 몸은 말 그대로 '순수'할까요? 아기가 먹는 가장 원초적인 자연 그대로의 먹거리가 모유입니다. 그런데 그 모유를 분석한 실험 결과를 보면, 그 속에는 페인트 희석제, 드라이클리닝 용액, 농약, 심지어 자동차 연료의 성분까지 들어 있어요. 물론 극미량이지만요. 그래서 짓궂은 저널리스트 플로렌스 윌리엄스 Florence Williams는 이렇게 말합니다.

> 그런 화학물질은 대개 극미량만 들어 있지만, 그래도 만일 엄마의 모유가 동네 슈퍼마켓에서 팔린다면 일부 제품은 독성 화학물질 잔류량에 대한 식품 안전 기준에 걸릴 것이다.
>
> — 플로렌스 윌리엄스, 「Toxic Breast Milk?」, 《뉴욕타임스》(2005년 1월 9일)

비록 극미량이지만 모유 안에 들어 있는 저런 화학물질은 고스란히 아이의 몸속으로 들어갑니다. 그런 극미량의 화학물질이 아이의 몸속에서 어떤 영향을 줄지는 여전히 연구 중입니다. 이 대목에서 확실한 것은 갓 태어난 아기조차도 온갖 인공물에 오염된 존재라는 것입니다.

예방접종까지 염두에 두면 더욱더 그렇지요. 아기가 태어나면 B형 간염(출생 직후), 결핵(4주), 소아마비(2개월), 홍역·유행성 이하선염·풍진(15개월) 등 수많은 질병을 예방하는 백신 주사를 맞습니다. 당연히 이 백신은 자연 상태의 병원체 독성을 조절한 인공물이지요. 태어나는 순간부터 우리의 몸속은 좋든 싫든 온갖 인공물로 채워져 갑니다.

인공물 없이는 생존할 수 없는 인간

성장하는 과정은 어떻고요? 저는 초등학교 2학년 때부터 안경을 썼어요. 지금도 여전히 시력이 안 좋아서 안경을 벗으면 바로 눈앞의 형체만 겨우 구분하는 정도랍니다. 만 여덟 살 때부터 안경은 사실상 세상을 보는 눈 역할을 대신한 것이지요. 그런 맥락에서 보면 자연 상태의 눈과 안경을 구분하는 일 자체가 부질없어 보입니다.

다른 예도 있습니다. 초등학생부터 어르신에 이르기까지 거의 모든 연령대가 요즘에는 휴대전화를 들고 다닙니다. 그 때문일까요? 요즘에는 전화번호를 외우는 경우가 거의 없습니다. 휴대전화에 전화번호가 모조리 다 입력되어 있으니까요. 전화번호가 궁금할 때마다 휴대전화를 꺼내서 검색하는 모습은 낯설지 않습니다.

곰곰이 생각해 보면, 우리는 애초 뇌가 담당하던 전화번호 같은 자질구레한 기억을 저장하는 기능을 휴대전화 같은 인공물에 떠넘긴 것입니다. 전화번호 같은 자질구레한 기억을 되새기는 역할을 하지 않은 뇌가 과연 또 다른 중요한 역할을 하는지는 논쟁거리입니다. 하지만 손에 들고 다니는 휴대전화를 놓고서 뇌의 확장으로 여겨도 무리는 없어 보입니다.

자전거나 자동차는 어떻고요? 자전거나 자동차를 능숙하게 모는 사람이라면 누구나 어느 순간 이 인공물이 마치 나의 손발과 연결된 느낌을 받을 거예요. 그 순간 두 다리로 걷는 것보다 훨씬 더 빠른 속도로 이동을 가능하게 해 주는 자전거나 자동차는 사실상 몸과 하나가 된 것으로 봐도 무방하지 않을까요? 물론 대가로 그 사람은 치명적인 사고 위험에 노출되고요.

나이가 들수록 이런 일은 더욱더 많아집니다. 두 다리로 걷기 힘들어진 노인은 지팡이나 흔히 '워커(walker)'로 불리는 보행 보조기에 의지합니다. 젊을 때 눈이 좋던 사람도 나이가 들면 돋보기안경은 필수입니다. 이가 빠진 대신 틀니를 이용해 씹고, 귀가 잘 안 들리는 경우에는 보청기를 껴야 하지요. 이런 상황이 되면 사실상 인공물 없이는 일상생활 자체가 힘들어집니다.

과학기술과 사이보그의 탄생

SF 영화나 소설을 좋아한다면 사이보그를 접한 적이 있을 거예요. 보통 사이보그는 기계 장치를 몸속에 이식한 인간을 지칭합니다. 애초 생명체였지만 그 안에 이것저것 인공물을 이식한 점에서 처음부터 인공물인 로봇과는 다르지요. 아마도 이 글을 읽는 십 대 독자는 몸속에 핵융합 발전기를 가지고 있는, 영화 〈아이언 맨〉 시리즈의 토니 스타크를 떠올리겠네요.

나이가 지긋한 어른이라면 1973~1978년까지 미국에서 방송한 드라마 〈육백만 달러의 사나이〉를 떠올릴지도 모르겠습니다. 추락 사고로 왼쪽 눈, 오른쪽 팔, 두 다리를 잃은 주인공은 미국 정부의 계획으로 엄청난 액수의 비용을 들여서 최초의 사이보그가 됩니다. 이 주인공은 기계 장치의 도움으로 빨리 달리고, 힘이 세지고, 먼 곳을 볼 수 있지요.

눈치 빠른 이라면 이 대목에서 사이보그 얘기가 나온 이유를 짐작할지 모르겠어요. 맞습니다. 안경을 통해서 세상을 보고, 휴대전화의 도움을 받아서 전화번호를 기억하고, 자전거나 자동차와 하나가 되어서 빨리 달리고, 늙어서는 지팡이, 돋보기안경, 틀니, 보청기의 도움을 받아야 일상생활을 유지할 수 있는 우리야말로 사실은 사이보그와 다를 바 없는 존재니까요.

바로 여기에 주목한 철학자가 도나 해러웨이 Donna Haraway입니다. 그는 1985년 「사이보그 선언A Cyborg Manifesto」을 발표합니다. "과학기술 시대를 살아가는 인간은 누구나 '사이보그'"라는 도발적인 주장을 담은 글이었지요. 해러웨이는 이미 인간(자연)과 기계(인공)의 구분은 우리 몸이 보여 주듯이 그 경계가 허물어졌다고 주장합니다.

좋든 싫든 과학기술 인공물은 우리의 일부가 되었고, 그것이야말로 사실은 '자연스러운' 세상의 진실이라는 것이 해러웨이의 주장이었습니다. 그는 '우리는 모두 사이보그'라는 은유를 통해서 남성/여성, 백인/비백인, 서구/비서구, 인간/동물, 자연/비자연 등 세상에 만연한 이분법과 그 이분법이 전제하고 있는 위계질서를 비판합니다. 예를 들어 '과학기술은 남성적인 지배 도구이고, 자연은 어머니 같은 존재이다' 같은 관념이 그렇습니다. 이성이나 합리성 등은 '남성적'인 것이며 감정이나 직관 등은 '여성적'인 것이라고 전제하는 전통적인 사고방식이지요. 해러웨이는 이 같은 구도는 여성을 수동적인 위치에 묶어 두는 낡은 관점이라고 지적합니다.

그뿐만이 아닙니다. 그는 '여성의 인식이 남성보다 우월하다'는 주장도 동시에 비판해요. 그러면서 성별, 인종 등의 전통적인 이분법을 뛰어넘을 수 있는 '사이보그'야말로 인간이 추구해야 할 이상적 존재 방식이라는 주장을 내놓습니다. 해러웨이는 이렇게 선언합니다. "나는 여신보다는 사이보그가 되고 싶다."

성형수술, 그 치명적인 유혹

이제 다시 성형수술 얘기로 돌아갈 때입니다. 어떻게 보면 성형수술이야말로 적극적인 사이보그 만들기의 한 예라고 볼 수 있습니다. 인공물을 넣어서 콧대를 높이거나, 가슴을 풍만하게 하는 성형수술이야말로 인간과 인공이 결합한 사이보그를 만드는 일이라고 할 수 있으니까요.

더구나 앞으로 과학기술이 발전한다면 지금보다 훨씬 더 감쪽같이 얼굴의 모습을 바꾸는 성형수술이 가능해질지 모릅니다. 그런 상황에서는 지금과 비교할 수 없을 정도로 '자연스러운' 성형 기법이 등장하겠지요. 그 결과 오히려 '성형 미인'이 '자연 미인'보다 더 자연스러워 보이는 역설적인 상황이 나타날지 모릅니다.

그러니 화장을 하는 것 혹은 성형수술을 통해서 외모를 변형하는 것이 자연스럽지 못하다며 타박하는 비판은 근거가 없어 보입니다. 따져 보면, 그런 활동은 태어날 때부터 어쩔 수 없이 자연과 인공의 결합체로서 사이보그였던 우리의 정체성을 더욱더 강화하는 것에 불과하니까요.

하지만 이 대목에서 한 가지 주의해야 할 게 있습니다. 앞에서 언급했듯이, 해러웨이가 사이보그 개념을 내세운 것은 온갖 이분법에 따른 위계질서를 비판하기 위함이었어요. 그런데 오늘날 성형수술을 추동하는 욕망의 배후에는 '아름다움/추함' 혹은 '자연스러움/자연스럽지 못함' 같은 이분법적 사고가 깔려 있습니다. 당연히 전자가 후자보다 우위에 있고요.

그런 이분법을 통해서 자꾸 우리를 특정한 기준에 맞춘 좀 더 '아름다운' 사이보그가 되라고 내모는 이들은 누구일까요? 그렇게 특정한 미의 잣대에 맞춰서 성형수술이 유행한 결과 여기를 봐도, 저기를 봐도 똑같이 생긴 사이보그가 활보하는 세상이 우리가 살고 싶은 곳일까요? 저마다의 개성이 빛나는 사이보그가 어울리는 그런 세상은 정말 꿈일 뿐일까요?

📖 겹쳐 읽기

113쪽 〈머리 잘린 '라이언 킹', 세실의 비극〉을 보면 인간과 사자가 초원을 울타리로 구분하고서 따로 살아가는 일이 어떤 부작용을 낳는지 확인할 수 있습니다. 아프리카의 야생동물 보호구역 역시 인간과 동물, 문명과 자연을 나누려는 이분법적 구분의 연장선상에 놓여 있습니다.

📖 확장해서 읽기

◎ '남성과 여성', '인간과 동물', '기계와 생물' 등의 이분법적 구분을 뛰어넘는 사유를 통해 차별적 인식을 허물고 싶다면

☞ 도나 해러웨이, 민경숙 옮김, 『한 장의 잎사귀처럼』(갈무리, 2005)

◎ '인공적인 것보다 자연적인 것이 더 안전하고 우월하다'는 인식을 비판적으로 성찰하고 싶다면

　☞ 율라 비스, 김명남 옮김, 『면역에 관하여』(열린책들, 2016)

그들은 어떻게
'한계'를 극복했을까

인간의 한계는
육체의 한계로만 규정될까?

인간의 한계, 뇌가 정한다!

1996년 8월 4일. 애틀랜타올림픽 마지막 날의 마라톤 경기에 전 세계의 이목이 쏠렸습니다. 1992년 바르셀로나올림픽에서 한국의 황영조 선수가 금메달을 목에 건 데 이어서, 애틀랜타올림픽에서도 이봉주 선수가 앞서거니 뒤서거니 하면서 선두를 지키고 있었지요. 결국 이봉주 선수는 남아프리카공화국 조시아 투과니 Josia Thugwane 선수에게 아깝게 우승을 내줬습니다. 차이는 단 3초!

이 박진감 넘치는 경기를 지켜보던 남아프리카공화국의 스포츠 과학자 티머시 녹스Timothy Noakes는 자신이 평소 생각하던 가설에 확신을 가졌어요. 그는 마라톤 선수가 더 이상 속력을 내지 못하는 육체의 한계가 몸이 피로해진 탓이 아니라 마음, 즉 뇌의 작용이라고 생각했습니다. 이봉주 선수가 바로 그 증거였지요.

이봉주 선수는 육체의 한계와 싸우며 42.195킬로미터를 빠른 속도로 완주하고, 막바지에는 상대 선수와 금메달을 놓고서 몇 초를 가지고 다퉜습니다. 하지만 그는 결승선을 통과하고 나서도 쓰러지기는커녕 금메달을 딴 선수와 함께 트랙을 돌며 세리머니를 했어요. 녹스는 이렇게 말했습니다. "이봉주 선수는 더 빨리 달릴 수 있었어요!"

이봉주 선수에게는 분명 기력이 남아 있었는데도 왜 정작 경기 때 그 힘이 발휘되지 않은 걸까요? 녹스의 말이 맞다면 이런 식의 질문을 던져 볼 수 있습니다. '뇌가 어떻게 한계를 정하는지만 파악한다면, 인간의 한계를 뛰어넘는 기적과 같은 일이 더 쉽게 가능하지 않을까?'

산소 없이 에베레스트산에 오르기

알다시피 세계에서 가장 높은 산은 해발 8,848미터의 에베레스트산입니다. 20세기 초반까지만 하더라도 에베레스트산은 말 그대로 '죽음의 산'이었어요. 과학자를 포함한 대다수는 에베레스트산 정상에 산소통 없이 사람이 오르는 일은 불가능하리라고 여겼어요. 8,000미터 높이까지 열기구를 타고 올라갔던 사람이 목숨을 잃은 일이 그 증거였지요.

그럴 만했어요. 에베레스트산 정상의 공기량은 보통 사람이 생활하는 곳과 비교했을 때 3분의 1 수준에 불과합니다. 등반하면서 고산지대의 적어진 공기량에 몸이 적응한다고 하더라도 한계가 있었지요. 더구나 에베레스트산의 혹독한 추위와 무서운 눈바람까지 염두에 둔다면, 그 산을 오르는 일은 말 그대로 자살 행동처럼 보였습니다.

1924년 에드워드 노턴Edward Norton의 등반 실패는 이런 통념을 더욱더 강화했어요. 노턴은 에베레스트산 정상까지 300미터도 채 남지 않은 8,570미터 지점까지 올라갔다가 발길을 돌렸습니다. 그는 산소 부족으로 나타나는 '사물이 둘로 보이는 증상' 탓에 어디에 발을 디뎌야 할지조차 판단하기 어려웠습니다.

이 시기, 비운의 등산가 조지 맬러리George Mallory가 등장합니다. 맬러리는 휴대용 산소통을 짊어지고 다시 에베레스트산 정상 정복에 나섰어요. 그는 1923년에《뉴욕타임스》기자와의 인터뷰에서 "어째서 에베레스트로 돌아가느냐?"라는 질문에 "산이 거기에 있으니까요(Because it is there!)!"라는 멋진 말을 남긴 등산가입니다. 안타깝게도 바로 그 산에서 맬러리는 돌아오지 못했어요.

맬러리를 비롯해 수많은 등산가의 목숨을 앗아 간 에베레스트산 정상이 인간에게 발자국을 허락한 것은 1953년의 일입니다. 뉴질랜드 산악인 에드먼드 힐러리Edmund Hillary는 셰르파(현지 등반 가이드) 텐징 노르가이Tenzing Norgay와 함께 1953년 5월 29일 에베레스트 정상을 최초로 정복했어요. 노턴의 전철을 밟지 않고자 힐러리는 휴대용 산소통의 도움을 받았죠.

다음 세대 산악인 라인홀트 메스너Reinhold Messner는 힐러리의 성공을 인정할 수 없었습니다. 그는 공공연하게 '수백 명의 짐꾼'과 '산소 공급 장치'에 의지해서 에베레스트산을 오르는 일에 경멸감을 드러냈어요. 앞선 등산가의 희생이나 과학자의 경고에도 코웃음을 쳤지요. 산소통 없이 에베레스트산 정상에 오르는 일, 즉 인간의 한계에 도전하는 일이야말로 산악인의 사명이라고 여긴 거예요.

결국 메스너는 성공했습니다. 그와 페터 하벨러Peter Habeler는 1978년 5월 8일 산소통 없이 에베레스트산 정상에 올랐어요. 메스너는 도전을 멈추지 않았습니다. 그는 1980년 세계 최초로 혼자서 산소통 없이 에베레스트산 정상에 다시 한번 오른 데 이어서, 1986년까지 8,000미터가 넘는 전 세계 14개 봉우리를 모두 산소통 없이 정복했어요.

이 대목에서 주목할 만한 사실이 있습니다. 1978년 메스너가 산소통 없이 에베레스트산 정상에 오르자마자, 산소통 없이 등반에 나서서 성공한 다른 산악인의 사례가 늘었습니다. 흥미로운 일이었지요. 에베레스트산에 오르는 산악인의 신체, 장비, 날씨 등에 변화가 없음에도 이렇게 갑자기 성공이 잇따랐으니까요.

당연히 과학자들은 메스너와 그 뒤를 이은 산악인의 잇따른 성공을 보면서 자신의 통념을 수정해야 했어요. 캐나다의 육상 국가 대표 선수 출신이자 스포츠과학자인 알렉스 허친슨Alex Hutchinson은 자신의 책 『인듀어』에서 이렇게 묻습니다. '만약 에베레스트산의 정상이 8,848미터가 아니라 9,000미터라면 어땠을까? 그래도 누군가 언젠가는 산소통 없이 정상을 밟지 않았을까?'

스포츠 음료를 입에 머금기만 해도 에너지가 솟는 이유

어쩌면 녹스가 주장했듯이 정답이 정말로 '뇌'에 있을지도 모릅니다. 후속 연구 결과도 흥미롭습니다.

한 과학자 팀은 고도가 높아질수록, 즉 산소 농도가 적어질수록 뇌에서 다리 근육으로 보내는 신호가 약해진다는 사실을 발견했어요. 심지어 근육에 산소가 공급되는지 여부는 결정적 변수도 아니었습니다. 또 다른 과학자 팀이 (근육의 산소량에 변화가 없는데도) 뇌 속 산소의 양이 적어지자 실험 참가자 다수가 탈진하는 현상을 확인했으니까요.

이런 실험의 의미는 명백합니다. 노턴이나 메스너가 고지대에서 발걸음도 떼지 못할 정도로 극한의 피로와 육체적 한계를 경험한 이유는 산소 부족 때문만이 아니었어요. 몸의 정상 상태와 비교했을 때

3분의 1에 불과한 산소 부족 사태를 맞닥뜨린 그들의 뇌가 생존 가능성을 높이고자 선제적으로 근육의 움직임을 제한한 것이지요.

그렇다면 메스너가 산소통 없이 에베레스트산 정상에서 살아남을 수 있음을 보여 주고 나서는 무슨 일이 생긴 것일까요? 그의 기록은 산악인들에게 '메스너가 해냈다면 나도 충분히 산소통 없이 에베레스트산 정상을 밟을 수 있다'는 자신감을 불어넣어 주었어요. 산소통이 없다면 생명을 잃을지도 모른다는 불안이나 공포를 진정시키는 효과도 있었을 테고요.

정말로 이런 마음가짐의 변화가 에베레스트산에 오르는 등산가의 뇌를 산소 부족에 좀 더 무디게 반응하도록 만들었을까요? 현재로서는 메스너나 다른 산악인의 뇌 속에서 정확하게 무슨 일이 있었는지 알 수 없습니다. 다만 인간의 마음, 정확히는 뇌가 생각보다 훨씬 더 중요한 역할을 하고 있음을 인정해야 할 것 같아요. 실제로 뇌의 역할을 염두에 두지 않고서는 이해할 수 없는 일이 많습니다. 예를 하나 더 볼까요? 우리는 수분(물)이 없으면 살아갈 수 없습니다. 그런 점에서 갈증은 생존을 위해서 수분을 섭취하라는 중요한 신호입니다. 마라톤 선수처럼 땀을 비처럼 쏟아 내는 운동선수에게 갈증은 피해 갈 수 없는 고통 가운데 하나입니다.

그렇다면 이런 연구 결과는 어떨까요? 1997년 미국 예일대학 연구 팀은 두 시간의 운동으로 탈수 상태가 된 실험 참가자에게 물을 먹였어요. 그런데 그 물은 흡수되지 않고 코에서 위장으로 연결된 튜브를 통해서 밖으로 그대로 나왔지요. 결과는 흥미로웠어요. 실제로 물이 몸속으로 흡수되지 않았는데도 참가자가 갈증을 느끼는 감각이 감소했습니다.

비슷한 연구 결과가 또 있어요. 스포츠 음료는 인간이 움직일 때 연료로 쓰는 영양소인 탄수화물(포도당, 과당 등)을 가장 효과적으로 공급할 수 있도록 만들어진 음료수예요. 스포츠 음료 덕분에 운동선수는 강렬한 신체 활동을 하면서 빠른 속도로 탄수화물을 공급받을 수 있게 됐지요. 그런데 과학자는 여기서 놀라운 사실 하나를 발견합니다.

2004년 스포츠과학자 애스커 주켄드러프Asker Jeukendrup는 사이클 선수에게 포도당 음료를 마시는 대신, 입에 잠깐 머금었다가 즉시 뱉어 내라고 지시했어요. 놀랍게도 사이클 선수가 스포츠 음료를 단순히 입에 머금고 있을 때가, 혈관에 음료를 직접 주사할 때보다 운동 효과를 더 높이는 데 도움이 되었어요.

많은 과학자는 스포츠 음료를 입에 머금었다 뱉기만 해도 운동선수의 기록이 나아진다는 이 실험 결과를 믿을 수가 없었습니다. 그래서 2009년에 영국 버밍엄대학 연구 팀이 비슷한 실험을 하며 아예 기능적 자기공명영상(fMRI)으로 선수의 뇌 사진을 찍어 봤습니다. 그랬더니 스포츠 음료가 입에 들어가자마자 뇌의 특정 부위가 반응했지요. 이번에도 뇌가 움직였던 것입니다.

한계에 부닥쳤을 때 맞서는 법

이와 같은 실험 결과를 해석하는 일에는 주의가 필요합니다. 이런 연구를 놓고서 산소, 수분, 영양소가 없어도 된다는 식으로 해석해서는 정말로 곤란합니다. 산소, 수분, 영양소가 평소보다 조금만 부족해도 뇌는 통증, 갈증, 피로 등으로 신호를 보냅니다. 그만큼 뇌가 보내는 신호들은 이들의 중요성을 잘 보여 주는 증거인 셈이지요.

'마음만 먹는다면 보통 사람도 슈퍼맨이 될 수 있어!' 하는 식으로 받아들여도 곤란합니다. 이봉주 선수는 마라톤 세계 챔피언이 되기 위해서 마음만 굳게 먹은 게 아닙니다. 그는 마라톤 선수치고는 작은 심장, 평발 같은 신체 조건을 극복하고자 수없이 연습한 '노력파'였어요. 그런 노력이야말로 세계 최고의 마라톤 선수가 되는 전제 조건이었지요.

하지만 누구에게나 아무리 노력해도 도저히 안 될 것 같은 한계의 순간이 있어요. 메스너처럼 누군가는 그 한계를 극복하고, 또 다른 누군가는 그 한계 안에서 좌절합니다. 메스너가 해낸 에베레스트산 정상을 산소통 없이 정복하는 일이나, 아직까지 아무도 해내지 못한 42.195킬로미터 마라톤 코스를 두 시간 안에 완주하는 일이 그 예입니다.

꼭 그런 극한의 도전뿐만이 아닙니다. 살아가다 보면, 때때로 자신의 한계를 극복해야 하는 어떤 순간들이 옵니다. 그 순간은 난생처음 무거운 군장을 짊어지고 기나긴 길을 걸어야 하는 군대의 행군일 수도 있고, 도저히 정답을 찾을 수 없을 것 같은 어려운 문제를 푸는 일일 수도 있습니다. 대다수 보통 사람은 이런 상황에서 너무나 쉽게 포기하곤 하지요.

바로 그 포기하는 일이야말로 한계를 넘어서지 못하도록 하는 결정적인 장애물일 수 있습니다. 아무리 노력하고 시도해도 도저히 안 된다고, '나는 할 수 없다'고 느끼는 그 순간에 다시 한번 심호흡을 해 보세요. 어쩌면 그 순간을 넘어서면, 즉 뇌가 정한 한계를 극복하면 새로운 도약이 가능할지 모릅니다. 여러분의 한계를 넘는 도전을 응원합니다.

〰️ 확장해서 읽기

◎ 인간의 한계에 대한 육체적·생리학적인 이해를 뛰어넘어 인간의 지구력을 새롭게 정의하고 싶다면

☞ 알렉스 허친슨, 서유라 옮김, 『인듀어』(다산초당, 2018)

◎ 도전과 성장을 위해 마음가짐이 얼마나 중요한지 깨닫고 싶다면

☞ 캐럴 드웩, 김준수 옮김, 『마인드셋』(스몰빅라이프, 2017)

북트리거 일반 도서

북트리거 청소년 도서

수상한 질문, 위험한 생각들

세상의 통념을 저격하다

1판 1쇄 발행일 2019년 3월 15일
1판 8쇄 발행일 2023년 11월 10일

지은이 강양구
펴낸이 권준구 | 펴낸곳 (주)지학사
본부장 황홍규 | 편집장 김지영 | 팀장 양선화 | 편집 김승주 명준성
기획·책임편집 김지영 | 디자인 정은경디자인
마케팅 송성만 손정빈 윤술옥 박주현 | 제작 김현정 이진형 강석준 오지형
등록 2017년 2월 9일(제2017-000034호) | 주소 서울시 마포구 신촌로6길 5
전화 02.330.5265 | 팩스 02.3141.4488 | 이메일 booktrigger@naver.com
홈페이지 www.jihak.co.kr | 포스트 post.naver.com/booktrigger
페이스북 www.facebook.com/booktrigger | 인스타그램 @booktrigger

ISBN 979-11-89799-05-2 03300

북트리거

트리거(trigger)는 '방아쇠, 계기, 유인, 자극'을 뜻합니다.
북트리거는 나와 사물, 이웃과 세상을 바라보는 시선에 신선한 자극을 주는 책을 펴냅니다.